Be Water, My Friend
The Teachings of Bruce Lee

像水一样吧，朋友

我从父亲李小龙身上
获得的智慧、哲思和勇气

Shannon Lee

［美］李香凝——著

李倩——译

九州出版社
JIUZHOUPRESS

致敬我的父亲，
献给我的女儿，
也献给你。

目　录

清空你的心，

似水，无形无状。

入杯即为杯，

入壶即为壶，

入瓶即为瓶。

水可静流，

可喷薄！

像水一样吧，朋友。

序

自幼，我母亲就告诉我和我哥哥，不要跟别人说我们的父亲是李小龙。她说："要让别人在不知道这件事的情况下去了解你。"这个建议很好，多年来，我每次都尽量在谈话中回避这个问题。当然，我的朋友迟早会知道，他们会来家里做客，看见墙上的全家福。尽管对绝大多数小学女生来说，这不过是在穿上旱冰鞋或骑上自行车去玩之前，耸耸肩就可以糊弄过去的问题。但长大成人后，我渐渐开始觉得自己有个秘密要保守，也越来越难在谈话中避而不答，尤其是我开始全职打理父亲的遗产后。如果我刻意回避这些常见的破冰问题，比如"你是做什么的？""你为何干上了这一行？"我觉得我不仅在隐瞒，更是在遮遮掩掩地撒谎，这让我感觉很不应该。毕竟，我并不羞于做李小龙的女儿——我很荣幸。

不过，我还是得说，人们得知我是李小龙女儿一事后，反应之剧烈，有时甚至影响到了我的身份认同。也许这就是为何父亲关于自我实现的人生哲学（没错，李小龙是位哲学家！）让我产生了极其深刻的共鸣。一个人要怎么才能做到既自豪于自己的DNA，同时又明白出身与自己真正的灵魂毫无干系？真的可行吗？再加上我决定用我的大半生去保护和弘扬一个人的遗志，这个人赋予了我生命，对我意义非凡，可同时我的身份认同不禁变得非常模糊。

"你对父亲有什么印象？"

这是我经常被问及的问题，也是曾深深困扰我的问题，因为我无法清晰作答。父亲在我4岁时就去世了，所以我没太多亲身经历可讲，他也没有像对他的同辈们那样，亲自传授我真知灼见。我连一封他专程写给我的信都没有。尽管无法解释，但我依旧觉得自己非常理解他。我要怎样才能说清楚，那些"认识"他的人未必真的理解他？

我逐渐意识到这些感觉——关于他本性的感觉——就是我对他的记忆。我对他的理解不掺杂半点冲突、伤害、嫉妒或竞争，甚至也没有将他想得太过传奇。我熟悉他的爱，他的能量印记。我之所以熟悉，是因为这就是我们在成长期认识父母的方式——靠感官去认识。大多数孩子在4岁之前，很难在玩耍中形成完整、成熟的认知记忆。随着成长，我们才能依照文化结构去解释我们已经吸收的东西，并学着与之互动。这就是为什么我们小时候经常犯错，因为我们无法通过微妙之处去理解事情的整体。我们缺乏足够的生活经历，但我们确实能感受事物的本质，在某些方面甚至比成年人还敏锐。父亲用他慈爱的光芒照耀着我，我记得清清楚楚。我记得他的本性。我记得他。

我父亲在许多方面都是出类拔萃的——聪慧、有创造力、博学、善技、积极奋进，他非常努力地全方位修炼着自己。他曾说："人们可能不相信，但无论做什么我都会花大把时间精益求精。"他不仅努力强健体魄，更注重塑造思想、提升自我、精进修行、开发潜能。他还会在一些小事上下功夫，比如练就一手漂亮的书法，在写作和口语中讲求语法正确，靠讲笑话加深对口头会话的理解，学习如何执导电影——诸如此类，不胜枚举。最终，他所创造的遗产，在他谢世47年后仍别具意义。

理解和践行他的哲学，让我学到了一件事，那就是你不需要成为另一个李小龙，也能活出充实的人生。相信我，作为他的女儿，我希望企及他哪怕十分之一的成就，成为人中楷模，走他的老路。这种自己给自己的压力，令我不堪重负、战战兢兢，曾数次让我的人生停滞不前。

而每每此时我都会深吸一口气，提醒自己：李小龙并不希望我成为李小龙。谢天谢地。你会在这本书里发现，他希望你成为最好的自己。李小龙是谁和你毫无干系，因为你就是你。其实，李小龙本人也有一大堆不擅长的事。他不会换灯泡，不会煮鸡蛋。我还想看看他组装宜家家具的样子（想象一下，肯定是家具被砸得七零八落，扳手被懊恼地用力一掷，胡乱插进了墙板里）。但撇开这些，他的话能鼓励你思考该如何实现自我，借此看清自己 —— 看清引领你前进的潜能是什么，以及该如何培养你的潜能。你会变得像我父亲一样特别、一样闪耀、一样振奋人心、一样精力充沛，不过是以你自己的方式去成长。不仅如此，你还会最终拥有一种专注于目标的感觉，给你的内心带来平静和欢喜。

毕竟，这就是我做这件事的原因。不是因为那些印着李小龙的 T 恤穿起来很酷（虽然的确很酷），而是因为我自己也被他的一言一行深深打动和治愈了，一如你即将读到的那样。若非发自肺腑地认为这件事值得去做，值得发扬光大，我不会用我的大半生去传递父亲留下来的精神遗产。我想让你了解他的睿智和鼓舞人心，就像我对他的理解与体悟。我希望你能收获哪怕点滴的精髓，为自己的生活贡献一些有价值的、美好的东西。但愿你能在字里行间与我的家庭故事产生共鸣，从中发现你自己的影子。

我有什么资格来指引你呢？我不是研究员、教育家、心理治疗师，或者人生导师。除了熟知李小龙外，我没有别的专长。而且这种熟知，也并非建立在对时间、地点和事件的大量考据之上。我的专长是了解他，为他所爱，珍惜他留下的礼物，尽我所能地遵循他的教诲，去努力寻找自我。

纵然我没有相应的学位和专业知识，但我仍然写了这本书，作为一种方法、寓言和剖白。对于那些在精神之旅上走得深远的人来说，这本书有些地方可能显得非常浅显。这是有意为之，因为我希望让广泛的人接触这些思想。不过你读得越细，所得越深。愿你能和我一起探索这潺潺流水的去向。

我将在书中尽我所能，介绍父亲关于"水"的哲学和对此我个人的理解，多年来我一直浸淫在他的生平和思想之中。可能你还不熟悉这一理念，它源自我父亲对习武的理解，而本书将以此借喻一种最为投入的人生。在我看来，"像水一样"强调的是将流动与自然寓于生活之中。水随器聚形，亦柔亦刚，简单自然，而且总有办法保持流动。想象一下，你能否变得那么灵活、敏感、自然、势不可当？对于我父亲来说，"像水一样"就是武艺的巅峰。对我来说，则是做人的巅峰——成为一个善于表达自我、强大而自由的人。

我由衷地认为我父亲是20世纪比较著名和深刻的哲学家之一。持这种观点的也不止我一人，只是了解他这一面的人不多罢了，因为他是位动作影星和武术家——因此在一定程度上人们容易看轻他的学识。提到哲学家，我们想到的通常是著书立学之人或是那些发人深省的演说家，不会联想到动作影星。但透过我父亲的生平和他留下的文稿，你会发现他远不止于此。

你可能会惊讶于我不怎么看重原始资料。我无意描绘一个纯粹的李小龙，只想呈现他的能量。我也不是要字斟句酌地精准解读他的意思。我觉得他的哪些话能为我所用，帮我阐述想说的内容，就会援引过来，再行编辑，使之易于理解。我使用不同类型的语言（俚语、俗语、特定文化中的表述），以尽可能实用的方式表达我的观点。书中基本默认使用了男性代称，因为父亲的原话通常如此。但请记住，这本书是为你而写——无论你是谁，无论你是怎样的人。

多数时候，我仍是在这些深刻思想的表面打着水漂而已。书中的许多概念都早有专书论述，建立起了完整的实践方法，因此本书并未打算深入某个领域。相反，最好将它视作一本入门读物，一种对充满丰富可能性的人生的探索。作为你的引路人，我也还在学习和成长。不过，正如我父亲所言："美好的人生是一个过程，不是一种生存状态；是一个方向，不是一个终点。"

在进入正题之前，我想提醒你本书势必会有一些迂回之处。有时我建议你动用意志力，而不出几页，我又建议你放弃自我意志。这些看似矛盾之处可能会令你气恼，但它们并非真的自相矛盾，只是针对不断变化的情况做出的不同反应罢了。请记住，我父亲的哲学（即"水"的哲学）实际上如同一个包罗万象的生态系统。当你觉得前后矛盾时，请想想水的本质（它的柔顺、它的生命力），而我也会尽我所能地讲解清楚。

最重要的是，我们不要采取任何僵化的立场或做法。毕竟，这是一本像水一样的书，而生活也并非一成不变。只消想想诸如突然爆胎或得到意料之外的奖金这种事就明白了。我们要腾出空间接纳生活的波折和起伏，学着在这个过程中变得灵活、敏感、自然、势不可当。但想要最大限度地发挥自身潜能，让整个生命流动起来，并非一朝一夕之功。就在你初尝成功滋味、自以为一切都了然于胸时，新的挑战会将你绊倒，旧有的种种制约会露出它丑陋的嘴脸，让你备受挫折，恨不得冲着墙壁拳打脚踢。而此时此刻，你将再次面临选择，要么放弃，要么成长。

　　遇到这种情况，不妨想想我父亲的一席话："人必须有技巧地经受挫折才能成长，否则他不会有内在的动力发展出自行应付世界的手段和方法。"确实如此。如果从未遭遇过任何艰难或棘手的事，第一次碰上时，你会被打倒，无所适从，可能只想蜷缩在地板上。所以，试着以挫折为师，甚至还可以为友。试着倾听它想说的话，听听它想对你、你的能力、你的信念、你有待拓展之处、你真正追求和热爱的东西说些什么，接受它的指引，充分了解自己。我保证，久而久之，你的生活会变得更加开阔，也会逐渐感受到强大与自由。

　　在这场与水相伴的旅途中，我们还会谈到令人充满能量的专注与快乐。我们会探讨如何应对失败和不断变化的环境，如何培养对自己和这场旅途的信心，如何在生活中保持觉知，以及如何专注地实现内心的平静。

　　这项工作激动人心，但到底是项工作，会有差池，会有障碍。不过我们打的是持久战。这是我们毕生的修行。毕竟，人生本就该充实地度过。我们要对生活抱着一种全情投入的态度，要在毕生的修行中寻找对我们有意义、能培养乐观精神的东西。我们可以承认这需要努力，也会遭遇失败，但却有可能从中学习和成长，越变越好。我们会学着以一种既放松又做好了准备的姿态对待人生的修行，成为最好的自己。还有最重要的，记住，我们并不是要成为李小龙。我们是要努力活出完整的自己。

　　顺带一提，其实你已经开始修行了。我们都在生活中持续修行着。虽然你可能并未完全意识到这一点，但我们之中无人不在努力追求更好的生活。毋庸置疑！本书提供的只是另一种如何实现美好生活的观点。既然你对这本书有兴趣，想看看它能带给你怎样的启发，可见你有意在自我探索的道路上更进一步。因此，不妨顺流而下，以此为乐，一起来做一场伟大的实验吧！

　　说到底，一切都是为了找到你所热爱的东西、你的动力、你的梦想、你最本质的自我。所以请做好准备，在我们前进时不妨保持这样的心态，借我父亲的话：

　　　　不紧张，做好准备；不思考，也不幻想；不僵化，灵活变通。全心全意地活着，觉知，警觉，准备好迎接任何可能的未来……

第一章

水之道

水流虽有快有慢，但都势不可当，依循天命。

武术是我父亲的最爱。从13岁开始练习咏春拳直至32岁辞世，他日日练武，鲜有例外。言及对武术的热爱，他说："我毕生所学，都是习武得来的。"他的头脑格外敏锐，也格外有见地，我常想，像这样的头脑能和如此重视锻炼和格斗训练的身体合二为一，真是命运的杰作。

事实证明，武术是人生的绝佳隐喻。很少有什么训练能像格斗这般性命攸关、风险巨大。习武就是要在可能受伤的情形下，训练出自己的定力和技巧性反应。精通格斗后，你不仅能沉着巧妙地应战，还能成为一名动作的艺术家，以绝对的自由和坚定，在当下的一瞬强有力地表达自我。即使自身安危或性命悬于一线，仍能保持警觉、机动、巧妙应对，这是自我控制的壮举。

这种运动理念贯穿于李小龙生活的方方面面。他始终在追求一种"真实"——真实的格斗，真实的生活，经得起实际考验的观念，以及在日常生活中的应用。他并不像我们在高级的武术比赛中看到的一样，讲究得分和轻触命中。他把那种以得分为目的的竞技型格斗称为"陆上游泳"，这类格斗有很多规则，要求在不造成伤害的情况下得分。

这并不是说他会四处挑战，发起街头格斗，尽管他一生中确实有过几次货真价实的决斗。他所做的是全力训练。很多技艺都会用到护具，他率先对许多护具的独立部件进行改造，为全接触格斗创造出了真正的对练装备。他将棒球手套压扁填充后，做成手靶。他改造了棒球护胸、拳击装备以及剑道的笼手。如今这类对练装备已发展完善，使用广泛，但早在20世纪60年代，中国功夫中从未听闻有使用护具的先例。

通过大量的体能训练和实战，我父亲有机会将他的主张不断在身心间进行转化——从观念转化成行动。他提出的大部分（也可能是全部）理念，最初都是为了成为一名优秀的武术家。然后，一如所有普适性原则，最终他意识到这些武术上的东西博大精深——也无比契合做人之道。

不过，我们还得从头说起。

一个男孩、一代宗师与一叶轻舟

我父亲13岁开始在香港学习咏春拳，师从叶问。叶问是一位非常有经验的老师，在教习技术的同时，还会在授课中融入道家哲学和阴阳之说。讲课时，他常常以自然作为比喻，比如用橡树和竹子的区别来说理（橡树会为强风所折，而竹子则因随风而动得以幸存）。

父亲是个勤奋的弟子，学东西很快。他一有空就在课外加紧练习，成了叶问的得意门生。但他也还是个少年——小时候外号"冇时停"（Mou Si Ting），意思是"一刻也坐不住"。后来的艺名叫小龙，也就是"年幼的龙"，源于他出生于龙年龙时。年少的李小龙命里带火，有至"阳"之气。叶问一直教导这个炽烈的少年要讲究温和、流畅和柔顺，而不仅仅是追求力量与技巧。

我父亲值得称道之处在于他愿意倾听和尝试，但有时急躁（和脾气）还是会占上风。何况，当时的他认为，只要能赢不就好了吗？讲究温和，还要如何争胜呢？

一天，叶问教导年少的李小龙平心静气，忘掉自己，追随对手的动作而动。实质上他是想让李小龙懂得超然之道——凭直觉回应对手，不要困守自己的策略，一味盘算自己的出拳和招式。但父亲始终走不出他自己的那套方式，明显被自身的聪明与好勇斗狠所误，汗水从他紧皱的眉间滴落。叶问一次又一次地介入，叫他顺势而为，节省精力。"永远不要违抗自然。"叶问告诉他，"永远不要硬碰硬，而要因势利导地加以控制。"最终，他打断年少的李小龙说："这周不要再练了，回家想想我说的话吧。"

这周不练了?! 这堪比叫父亲一周不要呼吸。被赶回家后，李小龙仍然自己练习，同时也独自苦思冥想师父的意思。意志消沉的他，积攒了一腔无处发泄的精力。一日，他决定乘一叶小舟去香港，打发他非常讨厌的这些空闲时间。

出海不多会儿他便不再划桨，只是躺在船上，随波逐流。他一边随水摇晃，一边在脑子里回想师父的教诲和自己之前的所有训练。他哪里做错了? 为什么听不懂师父的话? 这怎么可能! 他感到挫败至极，盛怒之下，不禁俯身用尽全力向南海的海水打了几拳。

突然之间，一个念头闪过脑海，他停下来，低头看着自己湿漉漉的手。我父亲后来在文章中如此写道：

> 这水方才不是向我说明了功夫之理吗? 我打了它，它却没有受伤。我再次使出全力攻击它 —— 它却依旧毫发无损! 接着，我又试着抓起一把水，却抓也抓不住。水，是世间至柔之物，可以装在最小的罐子里。然而看似柔弱，它却可以穿透世上最坚硬的物质。原来如此! 我想要变得像水一样。

这时，他看到一只鸟飞过头顶，在水面上投下转瞬即逝的倒影，又得到了另一个启示：

> 面对对手时，我的思想和情绪难道不应该像这鸟轻轻掠过水面时的倒影吗？正如师父所说，不黏着、不闭塞。因此，要想控制自己，首先得接纳自己，顺应而非违背自身的本性。

就这样，父亲与水结下了长久而紧密的缘分。水这种元素既柔软又坚硬，既发乎自然又遵循引导，既超然又强大。最重要的是，它对生命来说不可或缺。

无须武术经验

看到这儿，你可能会想："我又不是武术家，这本书于我有何用处？60多年前的一个17岁少年的顿悟跟我有什么关系？"别担心。虽然我们会谈及武术，但它只是作为一种隐喻，用来解释一些人生经历的道理。借助一些接地气的具体例子，有时能更好地理解一些抽象概念。我们为什么要学着像水一样？——我父亲的哲学思想及其生活方式，激励了世界上许多人努力生活得更好，这其中也包括我，而他的人生正是以水为榜样的。

水的本质，是流动。它有办法绕过（甚至穿过）障碍，我父亲称之为"无限"。水的形态取决于周围环境，因此可以随时流向任何能够流动的方向。这种开放与顺应意味着它随时随地都做好了准备，但却是非常自然的准备，因为它所做的就只是全然地做自己而已。所以，像水一样，就是要在开拓自己前进的道路时，尽可能地顺应生活的湍流，实现最完整、最自然、最真实的自我。

相信我，无论你是运动员、家庭主妇、学生、音乐家、会计、企业家、警察或以任何方式生活的人，本书都会对你有所帮助。但同时也请记住，并非书中所有内容都适用于你。千万不要不假思索地全盘接受他人所言。甲之蜜糖，乙之砒霜——就算同样是通往真理之路，也是人人殊途。没有哪条建议、哪套工具能适用于所有人。我无法告诉你什么对你有益——只有你亲自尝试过才会知晓。我分享家庭故事，我的思考、经历和观念，余下的就交给你。即便你没有在这本书中获得丝毫帮助，也别放弃。世上还有很多资源，不懈寻找，终会如愿。

那么，先让我们以鞠躬为喻。每堂武术课都始于鞠躬。这并非低声下气，而是包含着一种寓意。我在这里，我来了。我全神贯注，准备上阵。

感谢你的到来。先让我们从认识水的基本特点开始。

无　限

为什么"像水一样"会成为我父亲的一个重要原则呢？我父亲在艺术及生活中认定的核心信条是：

以无法为有法，以无限为有限。

这不正完美描述了水的本质吗？遭遇过房屋漏水的人都知道，有时完全不明白水究竟是怎么渗进来的。可能必须把整面墙或天花板掀开，才能找到源头，弄清渗漏的路径。

我最近就有过这样的经历。我的办公室出现了严重的漏水，虽然知道是从屋顶上漏下来的，但它并未从正上方的某个洞里滴下来，而是从四面八方冒出来，渗进了楼顶的墙里。房东派人来修理了三次，但都没有找到明显的漏水点，修理工做了各种尝试，也没能从根本上解决问题。于是我们在楼上铺了防水布，准备了水桶，以为楼下至少还是安全的。

接着下起了雨，而且是倾盆大雨。因为水已经渗进楼上的墙壁，于是便顺着墙体继续往下流，洇湿了楼下的天花板，沿着横梁滴下来。第二天我们回去的时候，从天花板横梁上滴落的水漫延到整个一楼——屋里简直在下雨。

虽然我们很是苦恼，但从水的角度来看，却令人钦佩。水不屈不挠，总能找到一条乃至多条出路。它一往无前，直至遇到障碍；如有必要，它会换个方向继续流动。水以"无法"为有法。换言之，它会穷尽一切可能之法，无限地流动。虽然我们已经修补了屋顶，但雨水仍有办法不屈不挠地流淌，不过现在它只能落在屋外，进不了屋了。谢天谢地。

这就是水的基本特点，势不可当。尽管我父亲的信条中并未出现"水"这个字眼，但那句话完美地描绘了水最杰出的特点，也是我希望能与之相伴的一点——不屈不挠。水能花上好几个世纪将峡谷雕刻成山岳。我之所以说希望能与水"相伴"，是因为我不愿各位仅仅停留在思考"水"上，毕竟生活并非是思维锻炼。"相伴"的意思是和它在一起——思考它、觉察它、体会它、感受它、接纳它。

我们认为水势不可当，一如很多人认为李小龙势不可当。无论你是否了解他，一提到他，你的脑海中多半会浮现出一个骁勇善战、武艺超群的风云人物，左冲右突地穿越敌阵——不管是在现实生活中，还是在电影里。

那么，怎样才能像水一样势不可当呢？

觉　知

在我父亲看来，"随流"在一定程度上意味着活在当下——有意识、有追求、有目的地生活。活在当下并不单纯地等于置身于某个场所。不仅在于你去没去上课，而更在于你是否积极投身其中。你是否认真听讲、提问、做笔记、参与讨论？还是身体虽然在那儿，心却在手机上，头戴兜帽，耳塞耳机，整个人昏昏欲睡？活在当下是学着像水一样的关键。为什么这么说呢？

之前提到的雨水，若非每时每刻都主动融入环境，便不会流进我的办公室。这就是水的本性。当我们遇到障碍时，会考虑止步不前还是继续前进，不像水，只要可能，它永远会继续前进。而且还请记住，即便是看似静止的水，其实源头也有咕噜作响的深泉或持续不断的雨水乃至融雪供给，否则必生陈腐，直至蒸发干涸。所以，要想发挥自身潜能，就不能自满自得、止步不前——我们必须找到前进的路，一次次地获得补给。而为了找到属于自己的路，我们需要保持警觉，觉知周围的一切。

父亲有句话我很喜欢，他说："成长、发现，都需要积极投身其中。我日日如此，有时如意，有时失意。"你可能会想："每个人不都投身于各自的生活中吗？"可事实是，虽然我们的确为了活着而投身于生活，在呼吸、在做事，但许多人并未保持着自我意识和自我觉知，直至发挥自身潜能。我们没有主动引领生活，没有关注和利用我们的能量、所处的环境和与人之间的关系。对我们中的很多人来说，生活只是发生了。我们受困于无意识的生存模式，却忘记了我们其实有很多选择、很多方法可以全情投入、创造生活。换言之，我们要全心全意地活着，而不仅仅是维生。为此，我们必须保持高度的注意力。

这并不是说我们必须永远处于"警觉状态"，永远自控，永远"马力全开"，那会让人精疲力竭。我们大多数人不可能日日如此，因为我们知道，生活并非总是尽在掌握。麻烦会猝不及防地降临：丢掉工作、生病、突如其来的生离死别。还有些时候，我们就是累了，不在状态。但修习李小龙的"水之道"，就是旨在提升我们的觉知，获取、磨砺我们的工具，让我们得以用能力、意识，尽量优雅地面对生活中的一切遭遇——以找到最终的道路。

活在当下和保持觉知是其中的关键。如果我的心中满是各式各样的负面情绪，心情不好就对别人大发雷霆，那这并不是在主动回应——只是在被动响应。如果我对自身的感受和脑海里的想法没有觉知，那如何才能改掉坏习惯，变得更加幸福和满足呢？要能够观察自己，才能看到需要改善的地方。如果我保持着高度的关注，就能看清周围环境和自己内心的状况，只有这样，我才能自由地选择要以怎样的方式投入其中。如果看不到自己有选择的余地，主动回应就无从谈起。

想象一下，要是你有能力、有办法在任何时刻依据不同的情况选择自己的反应，而不是被一时冲动所左右，那会如何。要是你在面临挑战时，没有被情绪冲昏头脑，没有封闭自我、裹足不前，又会如何。想象自己全身心地活在当下的种种生活体验里，却并不是迷失其中，会是一种什么感觉。在任何情况下都能做出完美反应，准确地表达自我，而不是忍气吞声或自觉受辱，又会是种什么感觉？那种感觉一定很强大，对吧？我知道尽管想象中的强大很有吸引力，但也许会让人觉得不太现实。没关系。我们接下来会脚踏实地地探讨这个问题，因为我们本来就不完美。没错：我们本不完美。

像水一样，并不是要追求完美，完美是难以企及的。像水一样，也并不是要控制一切，控制是道枷锁。目前，就让我们如此看待完美和控制吧。

完美只存在于生活层出不穷的不完美之中，因为每一个不完美都创造了学习的机会，我可以从中成长并致知于行。接受那些挑战赋予的锻炼机会——锻炼我的包容力、耐性、爱心、自我完善——我将积累自信，最终把经过锻炼增长的能力变成我的第二天性。我们应当把通常意义上的完美，视作一种专心致志的态度，而不是一个人获得的最终成就。这种看法能让我们将生活的不完美视作学习工具和学习机会，促使我们成长进步，而不是一个衡量成功与否的标准。

再说控制。在盖瑞·寇奇耐德（Gary Goldschneider）与胡斯特·艾尔佛斯（Joost Elffers）合著的占星书《生日密码》

（*The Secret Language of Birthdays*）中，每一天都有一个对应的名称。我出生的那天是"绝对控制之日"。天哪！不过我想认识我的大多数人应该并不觉得我是典型的控制狂（但愿如此）。我遇到的超乎掌控的事情已经够多了，我更倾向于举手投降，充分利用现状，而不是硬要一切都顺着我的心意来。不过，这其中也要注意平衡。也许我可以通过"不去控制"来锻炼我的控制力。何时才能看清楚隐藏于挑战中的道路？在人生的旅途中，我能在多大程度上朝着目标践行自己的意志，同时又能够为变故留出接纳的空间？

　　最近我接手了一个信心十足的大项目，但却进展不顺。不仅如此，还大有失败之势。于是，我想尽一切办法控制局面，任用合适的人选，做出必要的变动，只为了让事情走上正轨，然而我们的资金和选择却都濒临绝境。我喜欢这个项目，很想继续做下去，但天不遂人愿。所以，在最后一刻，我决定不再顽抗注定要发生之事。一切乱作一团。我要面对对我抱有期望的投资人。我不得不裁员，终止运作。但我决定活在当下，不再顽抗。我把这个项目的未来交给了命运，我说"请指引我"。就像水一样，我开始顺应这一全新的展开，而不是妄图筑起万千道水坝来控制水的流向。

　　虽然这个项目的一个阶段结束了，但也由此催生了一些新的想法（更好的想法！），还有新的合作伙伴和可能性。而且最重要的是，我没有放弃，也没有失败，我所做的只是放手，顺其自然。我找到的这种新方法，不但减轻了压力和焦虑，还给了我更多能量。尽管我依旧不确定整个项目能否成功，但我会与之同在，出现在任何需要我的地方，贡献我的能量，余下的就顺其自然。不同的是，我不再试图控制这场错综复杂的冒险，也不再试图令其变得完美。我投身其中，参与创造，但不再强求。

我父亲曾说："一边是天性，一边是控制。你要将二者和谐地结合起来。"因此，我一直自问，我能在多大程度上"控制"不完美的自我，在面对棘手的人和境况时，全然地活在当下，负起责任来——这样我才能为自己和所创造的一切发现新出路。有时我做得不是很成功，但在反思有什么可改进之处时，我收获颇丰。所有的成长和学习，无论是发生于当时还是过后的反思，都来源于全然地活在当下，以及对自己的内在体验与外在经历的觉知。

柔　顺

人生时柔软，死则僵固。柔顺则生，僵固则死，人之身体、思想、灵魂，概莫能外。要活得柔顺。

水最简单、最易于领会的一个启示就是它的柔顺。投石入溪，溪水会顺势为石子腾出空间。这就是我父亲十几岁时得到的启示，那天，他意识到水是功夫的隐喻。他想抓住水，水从他指缝中溜走。他想攻击水，水躲开他的拳头，毫发无损。我父亲后来经常在生活和习武中，强调温和与柔顺的重要性。

他还常常讲述师父告诉他的故事——竹子和高大的橡树如何经受风雨。橡树因僵硬而自取灭亡，就像僵化的思想或态度妨碍你学习成长，久而久之就变成了压力和不满。如果你在思考或遇事的反应上无法做到柔顺，你能获得的成功、成长和快乐也就非常有限。那么要如何做到保持柔顺、反应灵敏又专心致志呢？我们已经说过其中一个要素是活在当下，觉知正在发生的一切，这样才能灵活反应。来看一个武术方面的比喻。

毫不夸张地说，格斗要求一个人必须活在当下，保持流动，否则便会被杀个措手不及，失去平衡——进而被击倒！你必须对挥来的拳头做出反应，闪躲或格挡。叶问鼓励年少的李小龙刻苦训练，然后忘掉自我，追随对手的动作。像水一样，就是要顺应环境和对手的变化，也就是要柔顺。

但如何将这种观念推及生活呢？像水一样，意味着要"随流"：首先，活在当下，觉知当下，然后是适应与流动。遇到生活抛给你的难题时，若能保持觉知，绕行而过，岂非很有帮助？虽然我父亲从未明确使用过"心流"这一更为现代的术语，但他时常谈到"流动"。对他来说，"像水一样"
远不只是个功夫上的比喻，更是一种人生哲学——他凭借
这一理念学习新事物，克服困难，并最终找到自己的路。

我父亲以活水这一概念作为方法。之所以强调"活水"，
是因为死水不在我们讨论的范畴之内，一如我们追求的并非
是那种死气沉沉的人生。我父亲笔下经常出现溪流和海浪的
意象，如其所言："生活变化不休，恰如奔流之水。"

生活始终处于变化之中，从无定式。哪怕是我们的日
常，也不断发生着微妙的变化——我们的日程安排、心情、
所处的环境。今天你提前五分钟出门，明天你觉得头痛，你
刚和朋友吵了一架，现在可能正在下雨，你还可能突然坠入
爱河。没有哪天会和昨天一模一样，所以如果将每天都过得
如出一辙，没有变动调整，也就意味着没有活在当下。对种
种体验没有觉知，就无法灵活应对生活中的变化。哪怕是在
最平凡的日常生活中，也有许多因素会对我们产生影响，让
我们主动或被动地反应，所以在生活中设下刻板的规则会导
致自己陷入麻烦，尤其是在生活给予考验之际。

古希腊哲学家赫拉克利特曾说过："人不能两次踏进同
一条河流，因为无论是这条河还是这个人都已不同。"每天，
我们都有所不同，环境也有所不同。即便你之前遇到的情况
与当下的状况看似一致，事实也并非如此。没有什么是一成
不变的，总有微妙的变动。生活的复杂之处就在于每一个瞬

间、每一种情况、每一项挑战都是全新的，也许仅有毫厘之差，但仍需要你活在当下，顺势而为。

当父亲开创他自己的武术体系截拳道（JKD）时，非常用心地阐释了对应的哲学理念。这些理念旨在将我们的思想、精神和身体都调动起来，是防止生搬硬套和敷衍训练的关键。截拳道强调无形和无预动的动作——这种动作非常迅速，是对实际情况的完美反应，令对手无法预测。与之相对应的哲学理念旨在指引练习者始终处于流动和当下的状态之中，从而可以保持灵活，既能带来变化也能应对变化。而一个人唯有保持足够的流动性，才能对变化做出反应。

> 每种举动都有其缘由。我希望将哲学的精神注入武术，为此我坚持研习哲学。哲学将我的截拳道带入了新的武术境界！

虽然我父亲1965年才开始构思这套技艺（直到1967年才正式命名），但他一生都在纠结是否要将自己的想法以某种持久的形式流传下去，比如写成书籍出版。他之所以没有这样做，是因为他认为自己的艺术是有生命的，能够改变、进化，不希望练习者认为他写下来的就是全部。（这一点我完全赞同！）他担心练习者在学习的过程中，不将自己独一无二的体验融合进去。他为此纠结不已，虽然拍了很多讲解技法的照片，写了一页又一页的格斗理念，但他始终没有下决心发表，因为他想避免具象思维带来的问题，避免创造出不会反思自身体验的"虔诚追随者"。

所以，《截拳道之道》（*Tao of Jeet Kune Do*）是由我母亲与《黑带》（*Black Belt*）杂志的水户上原（Mito Uyehara）于1975年出版的父亲的遗作，目的是在我父亲过世后保留他的教诲和思想。他们为这本书费尽心思，只为它成为一本鼓励读者自行思考与探索的书，而不是一本机械的操作手册。这也再次证明李小龙的亲友始终忠于他的心愿，无论何时都能够保持开放与灵活。其他"操作性"的书籍随后也陆续出版，但《截拳道之道》依旧是此中经典，尽管它最为抽象。正是这种抽象层面上的表达，十分漂亮地反映了我父亲"像水一样"的理念：它在引导读者的过程中，并未试图束缚读者，而是让读者能够更主动地、灵活地参与到理解这个过程中来。

适当的紧张

学习截拳道，首先要学警戒式：

警戒式最有利于本能地施展出你的浑身解数。它能让人完全放松，但同时，又让肌肉适当紧张，以便发起快速反应。最重要的是，警戒式首先是个"端正精神状态"的步型。

——摘自李小龙《截拳道之道》

"警戒式"——我父亲称之为截拳道的预备姿势——由这个姿势可以发起任何可能的动作。他的步型非常独特，基于他对物理定律和生物力学的理解，以及对其他格斗艺术的考量——包括咏春、拳击和击剑。

李小龙的警戒式既放松又活泛。在这一姿势中，后脚脚跟离地，形如盘蛇，准备随时蹬地，发起攻击。四肢松而不散。膝盖弯曲，双脚分开与髋同宽，前后脚的间距约为一步，后脚脚尖指向前脚脚背，形成一个稳定的三角形，使你不易被击倒或左右摇晃。换言之，就是活泛而稳定，放松而预备。

看我父亲的电影你会发现，他经常以他那标志性的姿势在对手面前松弛地跳来跳去。他脚步轻盈，随时准备向前弹跳、侧身、后退，从各个角度发起攻击。即便在运动中，他也尽量保持与上述步型近似的姿势，以便瞬间出手。

提到姿势时他写道："基本姿势是根基。"我认为，这也是一种生活之道。有一个好的根基，也就是有一个能适应变化、移动自如的强大姿势。在放松与紧张之间取得恰到好处的平衡，从而迅速有效地做出反应。换言之，就是要能够简单轻松地辗转腾挪，不为自身重量所累——"这是一种简单而有效的身心结构"，这也是一种生活的姿态。

水总是自在放松，却又时刻准备着。想想"开闸放水"这句话。当水被障碍阻挡时，它平静地等待，却也随时准备流动。障碍一旦解除，水就会立即奔涌而出，没有丝毫犹豫。就算在流动时，它也能毫不费力地对周围环境做出完美反应。把一根木头扔进溪流，水会适应。它漫延开，变宽变深，不放过任何一丝缝隙，直至找到出路或是在周遭创造一个生态系统。水反应灵敏，生机勃勃。

水为了保持"预备①"，必须要有一定的张力。我们常认为"紧张"这个词很负面——肩颈紧张、关系紧张。但实际上，紧张是生命力必不可少的组成部分。为了在生活中保持"警戒"式，我们需要平衡生命的活力。不必过度紧张以至于紧绷，但也不能过度放松，神游天外，无法做出反应。我们要保持一定程度的警觉，这种警觉源自我们对充分投身于生活的渴望。我们需要一些适当的紧张——足以让我们活在当下，保持柔顺，充分投入，这样一旦闸门打开，我们就能继续流淌。

---

① 截拳道的警戒式又称预备式，此处是一语双关。（本书脚注均为译者注。）

心怀目标

我们每个人都有一些亟待解答的问题：我的人生目标是什么？我这辈子该做点什么？我该在这个世界上留下怎样的印记？我此生最重要的事是什么？人生到底是为了什么？我父亲会说，人生中最重要的事是活出自己，他称之为：自我实现。无论你做什么（教书、运动、救助饥饿儿童、执法、写书），你是何身份（父母、配偶、搭档、导师、艺术家）都不重要，重要的是你如何在所做的事情中表达"你想做的"和"你是谁"，以及你是个怎样的人。这就是人们所说的"具身化"（embodiment），将思想、修行、价值观或理念融入你的生活，通过行为表达出来。比如你认为善良很重要，但却做不到与人为善，这意味着你并没有将这种价值观具身化。

自我实现意味着增强你与世界的共振，发挥你最大的潜能，并尽可能地在生活中表达出来，无论那是一种怎样的表达。你选择表达自我的地方——你的爱好、你的工作、你的人际关系——都只是你借以发光的媒介。如果你的目标是成为最完善、最快乐的自己，那么每时每刻都是你实现目标的机会，你的人生旅途也会变得无比精彩。而且这个目标你无论如何都可以拥有。只要致力于表达真实的自己，就连困难也没有那么难以应付了。

　　我父亲鼓励我们终身追求自我实现。所谓"实现"，意思是"使之成为真实"，所以自我实现就是要成为真实的自己。认识自己，巧妙而轻松地表达自己的独特之处，像水一样，自然而然地流露出来。想想水何以为水——它从不试图成为其他任何东西。像水一样，就是要积极投身于探索自我，然后将最真实的自我体现出来。

　　听起来很简单，对吧？不过，等你真的走上自我了解和自我发现之路时，可能会意识到你在自己和周围人面前有多不真实。你可能会突然觉得"哎呀，这太难了，我受不了！"但凡事都是这样的，你不能指望上一堂功夫课，就能成为李小龙。上一节音乐课也成不了钢琴家。没有良好的个人修养和德行，你无法表达出最好的自我。要让自己的内在与外在相匹配，需要下苦功。

　　刚出生时，我们都是开放、敏感、反应迅速、精力充沛的小家伙，但当我们接受教育、学着应对世界之后，便开始走上各式各样的老路。我们的本性会受到许许多多的人的影响，被别人认为正确的事物所束缚。这其中有些是自然、正常的成长过程，让我们得以了解这个世界，习得生存规则并学会驾驭这些规则。我们得知道如何自保，如何获得想要的东西，如何生存下去。但在此过程中，我们也因为外界的影响，远离了本性。我们遵从教导，却忘记了如何彰显自身的独特性，如何保持本真，如何表达我们的灵魂。因此，在成长过程中必须有所觉知、有所警惕，必须不断练习着回归本真，直至最终有意识地找回原本就属于我们的东西：我们的自由、表达和本性。

　　水却没有这样的问题。海浪无须记住该如何登岸；河流无须思考该如何将峡谷雕刻成山岳；湖泊无须刻意学习如何赋予鱼儿和植物生命。在做自己这件事上，水就是一路上的向导，指引我们找到本真的自己。他日若我们真的实现了自我，便能获得（找回）这种简单而自然的自由。

完　整

　　我父亲非常重视阴阳之理。他自创的截拳道标志中就使用了阴阳图。他的著作、技艺和武馆的发展，都是他对阴阳的理解与体现。这些我们接下来会逐步论及，但现在，让我们从对阴阳图的基本理解入手，这个符号即象征着完整。

　　西方往往认为"阴"与"阳"彼此对立：冷与热、幼与老、高与矮。但在东方，人们认为阴阳（请注意我删去了二者之间的"与"字）互补，并非对立。事实上，它们共同代表了一种完整的体验。请仔细想想，冷与热只是完整的温度体验的两个极端而已。没有热，就没有冷，反之亦然。更进一步说，没有冷与热，也就没有舒适宜人的温暖或凉爽可言。

水也是如此，温和却有力，柔软却强劲，流动却深邃。生活也是如此，亦悲亦喜，亦丑亦美，亦振奋亦恐怖。这些都是一种完整体验的两极。如果我们抗拒某一极的体验，便可能永远无法领会它的好处或是平衡所带来的满足。但若在这些相互作用的极端中取得平衡，我们便能获得平静与和谐，获得自在。

所以，让我们寻求生活的完整体验吧。放眼我们的存在和整个人类共同组成的完整生态系统。让我们记住，可以像水一样流得有缓有急，一边刻苦修行，一边宽容待己。这一场追求自我实现和完整性的流动之旅颇为不易，你需要全力以赴。但伴随成长，你会看到，更重要的是体会到，那些造就了你的要素在流动中的相互作用。正如我父亲在一篇哲理性文章中写道：

中国人认为宇宙万物皆肇始于两个原理，即阳与阴，积极与消极。任何存在之物，无论是有生命的，还是所谓的无生命之物，都依靠这两种力量相互作用。阳与阴、物质与能量、天与地本质上是一体的，或者说是一个不可分割的整体中共存的两极。这种哲学主张宇宙的生死循环、世间所有差异和相对标准本质上都是统一的，主张回归神圣的智慧，回归万物之源。

现在，我们的一只脚已踏进广袤的宇宙之海，且再往深处走走。来吧，水里很舒服……

第二章

空 杯

杯子的用处正在于它的空。

清空你的心

1971年，我父亲写过一篇关于截拳道艺术的文章，开篇
援引了一个禅宗公案，意在让读者保持开放的心态，因为他
接下来要说的内容，就当时的格斗艺术而言相当离经叛道。
他写道：

> 有一学者去向禅师问禅。禅师说话时，学者频频打
> 断他，说些"嗯，对，这个我也知道"之类的话。最终
> 禅师止语，转而为学者敬茶。然而，他不断地倒水，直
> 至杯子满了，水溢出来。"停！茶杯已满，盛不下了！"

学者出言阻止。"这我当然知道。"禅师答道，"你如不先倒空自己的杯子，又如何喝得了我这杯茶？"

"饱学之士"无法真正领会禅师的话，因为他一直在对照自己的所学进行比较判断。换言之，他没有真的在听。他的心（他的杯子）里满是他自己的观点（衡量和评估禅师说的每一句话），无法再接纳别的东西。禅师借满溢的茶杯告诉他，必须放下自己所学，即倒空自己的杯子，才能真正倾听和吸收新信息。

在这本书的开头，那段引用从"清空你的心"这一句开始。这第一步或许也是整个过程中最重要的一步，因为它让我们为接下来的一切做好了准备。我父亲认为抛开先入为主的观点和结论，本身就是一种解放。事实上，如果你能够在一段时间内专心致志地践行这一点，将会大大地拓展你的生活。

持　中

空性，在我们对心智的初步探讨中，意味着一种开放和中立的状态。如果你的心里塞满了已经掌握的观念与信息，还有你对这些事物的感受，便没有余裕容纳更多。你放弃了接触新的可能和新观点的机会，限制了自我。为了学习新东西，我们首先得为它们腾出空间。

清空你的心并非是要你忘记所学到的一切，放弃你所相信的一切，而是应该怀着拓宽眼界、不妄自评判的意愿，迎接每一次对话、每一次互动和每一次体验。你必须暂时放下你自认为熟知和相信的一切，才能充分体验当下。要知道，一些自己深以为然的事物，你可能并不知其全貌——事实上，它们仍处于发展之中，还会随着你的学习成长而改变和进化。

正是这样，你才有可能发现一些意想不到的事。以医学为例：如果我们从来不考虑新的信息和观点，那么我们现在仍会相信吸烟有好处，小儿麻痹无药可治。所以重要的是：保持头脑开放，不被旧有的偏好、观念和判断所蒙蔽，做好接纳的准备。无论你最终有没有发明一种全新的疫苗，这都没有关系，但如果不对可能性保持开放的态度，便永远无法增长见识，个人成长也将延缓、受阻。

事实上我父亲认为，先入为主、不容置疑的偏见是心之大患。"在积极与消极间持守中道。"他写道，"别再将你的心引向别处。空性就是此与彼之间的中道，不赞成亦不反对。'赞成'与'反对'的斗争是心之大患。无有好恶，才能看清一切。"

想想你的偏见和观念是如何时刻影响着你的。在日常生活中，我们个个都是证据搜集专家——专业得简直可以主演《犯罪现场调查》。我们会基于自己的偏见和观念，在生活中四处搜集证据来支撑自己。假如我很害怕参加聚会，就会下意识地寻找让我害怕的证据，以证明自己的正确。或许聚会上真有些让人畏惧的东西，但因为我对所有可怕之处都保持着高度警觉，所以触目皆是，再也看不到任何愉快、有趣之处。我们总想证明自己是对的，而当我们渴望证明自己时，就只会接受能佐证自身观点的证据。

　　如果我们搜集不到证据会怎样呢？如果事情和预想不同呢？如果我们的经历出乎意料，很愉快（比如上文提到的聚会还不错），我们就会把它当成一次愉快的例外，或仅仅觉得这回自己很走运。但如果是我们原以为会不错的经历，最终不甚愉悦，整个世界似乎都突然变得不可理喻起来。例如，原本很期待的聚会变成了一场噩梦，你就会很伤心，并决定再也不参加这种聚会了。耐人寻味的是，当出现意料之外的消极事件时，大多数人不会认为是自己考虑不周，需要承担部分责任，我们只会以受害者自居，觉得有一股邪恶的力量在伤害我们——一个毁灭我们生活的大阴谋。

　　但如果你不带任何预设地去参加聚会呢？不恐惧，也不期待尽兴。那么，聚会应该是什么样就会是什么样。你可以之后再来思考自己真心喜欢的和不喜欢的事。你接纳了聚会中的每一个瞬间，不给自己压力，全身心地专注其中，不会时时反思自己是否玩得足够开心。中立，当下，空无。

　　当然，是否参加聚会并无太大利害关系。但要是涉及更紧张、更严肃的事呢？要是面临艰难的人生选择呢？要是需要判断哪些人带来了好的影响，哪些人带来了不好的影响呢？如果我们从不支持或反对任何事，要怎么做决定？

无拣择的觉知

　　还记得警戒式吗？任何情况下都蓄势待发的那个姿势？一个开放地对待生活的心态也应该是泰然、中立的。"纯粹的看"指的是在感受事物时，尽量不要将自己的偏见和观点投射于其中，这样你看到的才会是事物客观完整的"真相"或者现实。事情发生后，与其权衡每件事的好坏对错，不如化身成一个完全的感知者，以自身的存在去看并体会经历的一切。如果你过分仰仗心智，看重先入为主的想法和观念，就等于将一部分的自我与完整的体验割裂开了。但如果你能停下来，允许自己尽情感受，也许能体验到一些新的感觉，或者让曾经的体验更加丰富。

　　不依附于其他，去看事物本来的样子。拭去累积于我们自身存在上的尘埃，露出本来面目，如其所是，如其所真。卸下成见的包袱，敞开自己，去迎接将来的人和事。做一个冷静的旁观者，静观周围发生的一切。你只是观看，而在这种观看中，你看到的是整体，不是部分。

我父亲将这个过程称为"无拣择的觉知"。这个术语援引自克里希那穆提（Krishnamurti），他是我父亲最喜欢的哲学家之一。这一理念指觉知周围和内心发生的一切，不予评判、挑拣或解释，只是保持全然的觉知。纯粹地看见事物的本质。充分感受，从而获得完整而非片面（局限）的体验。

想想看，如果你很讨厌的一个人过来跟你说话，因为你讨厌他，所以在他开口之前你就已经做好了被惹恼的准备。但如果你放下预判，敞开心扉去体验当下呢？倘使能做到置身事外，不加评判地观察这个人，你可能会发现究竟是什么让你如此生气，甚至还能进一步弄清楚为什么这能让你如此生气。更重要的是，你能在此过程中加深对自己的认识。

你是否需要多一些理解，才能在这个人面前感到自在、安全或共鸣？你能否同情对方，看到他和你一样都在努力生活？你能否认清是他所处的环境让他形成了这样的人际交往方式，而这种交往方式其实是他养成的应对策略？不再执着于个人好恶，只是单纯地观察，可能会得到大量的信息。

无拣择的觉知这一概念的另一个构成要素，是我父亲所说的"无念"。无念意味着在思考过程中不要被你的念头牵着鼻子走。换言之，不要陷于一念，不可自拔地围着它打转，遮蔽此刻流经你感官的其他感觉。当讨厌的人做了惹你生厌的事时，不要陷在那里。"看到了吗？他又那么做了，真烦人。天啊，他怎么老这样？他看不出来这有多烦人吗？明明这么讨人厌，他怎么就看不出来呢？真是个白痴。"当你这么想的时候，就已经脱离当下了。你被困在一个满是愤怒的盒子里，无法脱身，无法再纯粹地去看，也必然无法做到不加评判地觉知整体。而且，你还变得不快乐了。

这并不意味着你应该忍受讨厌的情境，和讨厌的人相处，逼着自己喜欢对方。这只是说你有机会获得不同的体验，改变你的看法。而且最值得一提的是，你可以利用收集到的信息更好地了解自己，了解自己有什么偏见以及是什么触发了自己的某些反应。你可以评估自己哪些行为有待改善，哪些地方有待疗愈。换言之，你要把这种消极能量转化为服务于自己的能量，而不是尽数发泄在别人身上。

一如我父亲所言：

我必须舍弃那些强迫、指挥和扼杀自己外在及内心世界的念头，才能做到完全地开放、有担当、觉知、活跃。这种状态常被称为"清空自我"，它并不消极，而是意味着开放地接纳。

由此，我们可以在了解自己、了解什么才真正契合自己灵魂的基础上，做出必要的决定，也会对现实多些同情，多些包容。由此，我们会拥有更多可能。

无错，无对

我们都喜欢评判别人，坦白承认吧。也许你正努力避免在生活中妄加评判，这是件好事，但有时还是会发现自己忍不住那么做了，对吧？我也一样。但我发现越是锻炼自己不去评判，就越能保持客观的态度，也就能更加自由、平和地应对世界。

什么是评判？就是赋予一个人、一件事对错、优劣或好恶的结论。这样做为什么于我们不利？首先，我们要区分评判和辨别。

英文中"评判"（judgement）一词最原始的意思是审判，指的是由法官或法院做出的裁决。最古老的审判方式出自《圣经》，上帝为了惩罚人类会掀起一场风暴或散布瘟疫。"辨别"（discernment）多指一个过程，而非结论，主要是辨识事物价值的能力。有的宗教甚至将辨别解释为"不加评判地感知，以期获得精神上的指引和领悟"（出处不明）。

当需要在生活中做出决定时，我们必然会考虑很多——

但关键是采取何种方式去考虑。采取评判的方式，我们的立场是僵化的；采取辨别的方式，我们是怀着理解之心去感知。评判之所以于我们不利，是因为它让我们看不到其他选择，还会让我们彼此对立：如果有人对，那就一定有人错。但辨别是个体基于所得信息为自己做出的选择，无关指责。

评判与辨别的区别也许一时难以分清，但可以多问问自己："我现在是在评判吗？还是为了理解真实情况和自己的真实感受，在开放地接收信息？"等你在这方面的觉知越来越强时，就能感觉出二者的区别了。评判犹如一根硬矛贯穿你的身体，也犹如一面盾牌将一切阻隔在外。而辨别则更像淘金的水——在你筛选信息时，过滤和渗流。

堂·米格尔·路易兹（Don Miguel Ruiz）的《四个约定》（*The Four Agreements*）是我最喜欢的一本书，读起来流畅又优美，还很实用。书中尤其强调要放下你的揣测，不要对号入座。如何才能做到这两点呢？一如书名，关于如何面对这个世界你必须和自己立下约定。就像我父亲建议的那样，不把每个人、每件事都分出对错：

> 不审判，不辩护。真正的理解需要无拣择的觉知，在这种状态下，没有比较，没有判定，也不是视事情的进展来决定赞同或反对。觉知只有在不受干扰的情况下，才能真正发挥作用。总而言之，不要从结论出发。

"视事情的进展来决定赞同或反对"，其实就是怀着固有的假设或观念等着做出评判，希望捍卫这些固有的东西。你在为自己的评判搜寻证据。还记得学者与禅师的故事吗？你的杯子太满了。你在将你感知到的东西，硬塞进比较和判定的狭隘框架里。你不再拥有流动的辨别力，相反，你在等待时机，用你的评判发起突袭。伺机突袭的感觉好受吗？还是倍感压力？犹如一个守门员，一直紧张兮兮地等着拦下点球？

埃克哈特·托利（Eckhart Tolle）在《新世界》（*A New Earth*）一书中说："不幸福的主要原因从来不是处境，而是你如何看待你的处境。觉察你脑海中的看法。把你的看法与真实的处境区分开来，处境永远是中性的，永远只呈现它本来的样子。"

同样，我父亲也认为，重要的是我们面对困境的反应，而非困境本身。

相信我，欲做大事、成大业，总难免遇上一些大大小小的障碍。这些障碍本身无足轻重，要紧的是你的应对方式。我发现面对挑战时重要的只有一件事：你是如何回应的？

让我们来看格斗这一绝佳的例子。你自信满满地参加比赛，确信自己必胜无疑。这种自信甚至可以让你逞一时之勇，使出漂亮的几招。接着你便被对手命中面门。你也许会生气，也许信心会有些动摇。不管怎样，你都会有情绪。但你并未让情绪自然地过去或始终关注于当下的情况，而是听凭情绪操控了自己。你会恼怒或担忧，由此产生了相应的反应。要么出于愤怒拼命挥拳，要么出于恐惧出手变得迟疑。如果对手很懂行，他就能看出自己已占据上风，胜券在握。他一脚就踢中了你的大腿，只因你心不在焉，脱离当下。糟糕。事情跟你想的不一样。你心浮气躁，陷入焦虑，开始频频失手。现实偏离了你的预想。对手又使出一记重拳，胜负已定。

你早在参赛之前就料定了结局——我一定会赢，我比对手厉害。结果你被击中了，心生动摇，无法再全心全意地投入比赛。你心生挂碍，被困住了，无法专注于比赛。然后你开始害怕起来，所有训练和工具都失去作用，因为你难以全神贯注地使出它们。你执迷于"本该发生之事"，而它没有发生，你便迷失了。

不过也不必为此自责。迷失，乃人之常情。我们的目标是迷失后尽快找回自己。毕竟，一切并无对错，有的只是当下发生的事情和你的反应。所以，别妄想找到百试百灵的万能之法。人生没有预设好的完美路线。在我们所有宏大的概念和构想之中，只有真实存在的此时和此地。

实　然

我们在第一章中谈到了当下，这一概念非常重要，我们会反复强调。市面上已经有很多关于这一主题的书。许多训练都讲究关注当下，比如正念训练。而我们所说的空杯、持中而灵活的步型，也始于活在当下。

如果你对正念或当下这些概念并不熟悉，我先依据目前谈论的问题，简单解释一二。活在当下是指充分觉知此时此刻，与正在发生之事保持联结。比如，不要让思维跳回过去，拿眼下之事与去年类似的旧事做比较。也不要跳到未来，琢磨你今天下午或下周要做点什么，或是惦记正在做的事今后会有何回报。正念训练就是要将意识集中于当下，充分地体验当下。

我们都只是凡夫俗子，如果没有经过专门的训练，各种想法总会层出不穷，分散我们的注意力。想法可能会引发情绪，反之亦然。情绪还会引发对这些情绪的思考，这很常见。事实上，你甚至可能从来没有想过除此之外，还有其他的存在方式。因此，与其压抑我们的想法和情绪，使得它们越来越强烈，不如去觉察它们，接纳它们，活在当下并顺其自然。

空杯指的就是放下过去和未来，专注于当下。当我们积极投身于当下，温和地接纳、承认我们的情绪、想法和身体感觉时，便能触及我父亲所说的"实然"。我们一边全心全意地投身于正在发生之事，一边还要不断清空自己装满的杯子，因为当下时刻处于变化之中。如果能活在当下，我们的杯子就会随着我们的经历自动满而复空——因为新的当下源源不断、彼此相续。

乍看起来，这个要求似乎很高，刚开始时也的确如此。我们中大多数人几乎不可能每时每刻都全然地活在当下，所以不必慌张。就连修行深厚的佛教徒和瑜伽士，也无法全天候地活在当下。这是一种修行，需要练习。练习的重点是要能随时将自己带回当下，尤其是在极度痛苦的时候，从而让活在当下成为你的主要体验，而不是偶尔感受一下。

我父亲也并不能时刻保持觉知和冷静，但他明白这样做的好处。事实上，他很有脾气，性格火暴，做事节奏快且拼劲十足。要是事情进展不顺，或是他并未在最大程度上觉知某一情境，他会如何呢？他会不高兴！这是人类的正常反应。然后，在消化完所有感受后，他会安安静静地待会儿。我喜欢把这种有目的的安静，看成是他在"清空杯子"。他会让自己的心平静下来，回归中道，以便看清全局，然后再继续前行。就像溪流中打着旋的小水洼，形成漩涡旋转一阵后，再重新流动起来。

心理功夫

那么，我们如何才能持守中道呢？我父亲很喜欢锻炼，从他的体格上就可见一斑。但他不仅会锻炼身体，心智上的锻炼也是他日常锻炼中不可或缺的一部分。虽然我们往往认为看不见摸不着的心理活动在某种程度上与我们的身体是分开的，但科学研究持续给出令人信服的证据，证实了身心联系——我们的思想、情绪与健康之间的关系。相关研究为数不少，尤其是针对肠-脑轴的研究，甚至还有一门名为心理神经免疫学的学科，专门研究压力与免疫系统之间的关系——但在此我们将采用大家都可以理解的通俗解释。

有一个简单的方法可以帮助我们理解身心联系。留意一下，当我们想法消极时，人会觉得不舒服，身体沉重、疲惫、焦躁，心跳加速，晚上睡不着或早上起不来，无精打采。换言之，我们的身体会有反应。同样，当我们心情愉快时，人会更有精神，感到神清气爽！这时候我们做事高效，也会笑逐颜开。心理和身体之间存在着明显的相关性，因此，就像锻炼身体一样，调节心理也同样对我们有好处。

事实上，我们的心智早已受到读过的书籍、成长环境、所属文化、结交的人、受过的教育等等因素的调节。我们可能没有意识到这些调节，也不清楚自己在其中可以参与的部分。但如果你知道自己并不是无知无觉，其实拥有一定控制权，甚至可以引导和调整我们的思想迈向新的可能，会怎么样呢？要是你知道我们能与自己的心智合作，而不仅仅是受其支配呢？要是消极可以转化成积极呢？要是恐惧可以转变为热情呢？要是错误可以成为实现梦想的途径呢？

我父亲在锻炼身体之余，也同样注重调节心智。这并不是说他喜欢微积分、填字游戏或数独，而是说他会有意地将自己的想法、才智和想象力引向他的梦想，引向他理想中的生活、渴望实现的目标，引向积极的一面和对自己的深入理解上来。他平衡着自己的意识与潜意识，伸展着心理的"肌肉"，从而让自己的姿态变得更加柔顺，朝着目标拓展自己的认识。

为此他掌握了很多工具，我们将在书中逐步谈及。不过这种心理调节（或者说再调节）首先要敞开心扉，准备接纳——清除心中所有的杂念和噪声，关闭内心对白，放下所有评判，开启所有感觉通道，坚定地步入当下。

这种心理调节听起来似乎很艰难，也似乎很容易，实际上是既难且易。和其他事一样，这也需要练习，直至养成习惯，最终让习惯成为第二天性。那么，该从何开始呢？

首先，我们必须接受这种观点，我们可以锻炼出自己的心理主导力。我们必须相信我们能够控制和培养自己的心智。

如果你对这个观点仍有所怀疑，那么请想想其实你通过重复和强化的方式已经学会了很多东西。你学会了乘法表，在父母不断的提醒下学会了不要打断别人讲话。你已经通过受教育或自学掌握了很多东西，比如一门语言或是如何照着食谱做菜。

尽管如此，许多人依旧感到无法控制自己的想法和情绪，因此也无法控制自己的心态。我们也许从未停下来思考过，其实是我们自己全盘放弃了这种控制和责任。所以，让我们一起迈出这一步，承认只要我们愿意，就有能力调节自己的心理。这是发现并最大限度发挥潜能的首要步骤。要实现这一大步，可以从一小步开始：你现在在想什么？

黏着心

你注意到自己的想法了吗？你知道自己在想什么吗？你能轻易听到自己的内心独白吗？停下来，倾听自己的想法。请注意你的内心独白是多么千变万化，如果你留意的话。请注意你的有些想法非常实际，意在解决问题，比如"我得去取干洗的衣服"；还有一些想法则是对自己或他人的评判，比如"我真蠢，忘记付燃气费了"；有些想法可能愉快而友善，"我穿这身衣服真好看"；还有一些则可能非常荒诞，"不知道被活活冻死是什么感觉"。倾听自己的内心独白，是觉知（直至最终培养）内心的杯子里所装之物的第一步。

在练习倾听自己的想法时，看看你能否意识到心灵卡在了哪里。哪些想法你始终挥之不去？哪些观点听起来总似曾相识？你是否一遍又一遍地咒骂自己的愚蠢？你是否经常注意别人的穿着打扮，并和自己做比较？你是否看到他人创作的优秀艺术，也渴望创造出属于你的艺术？你是否不想做眼下在做的事，不想过眼下这种生活，但又不知道自己想做什么，想过哪种生活？

有段时间，我一度被各种各样的比较和消极情绪所困。我单身时，要是有认识的人恋爱了，拥有了一段美好姻缘，我的想法就会从羡慕变成自怜再变成确信没有人爱自己的绝望。我并没有为朋友感到高兴，也没有保持心态开放并充满信心地继续寻找爱情。相反，我的心一味苦恼于为什么我无法恋爱，仿佛只要想清楚了这个问题（无论究竟是什么原因），我就能立马得到一段姻缘。

我父亲将这称为"执着心"或"黏着心"。在武术中，这个概念指的是格斗时不顾当下的实际情况，执着地想要施展某些战术。聪明反被聪明误，你被你的训练、策略或情绪所困，无法对正在发生的当下做出反应。换言之，就是作茧自缚。听着是不是很耳熟？

有一次我看终极格斗冠军赛，在赛前简短的选手自我介绍中，一个选手说起了他的战术，先这样，再那样，最后怎

样一举奠定胜局。他说得头头是道，我心想："这家伙输定
了。"果不其然。他之所以输，是因为太执着于他理想中的
战斗，不顾实际战况。当战况偏离预想时，他缺乏流动性和
对当下的关注，缺乏成熟的技巧和能力当即做出适当的反
应，改变自己的方针逆转乾坤。他的心陷在他预设、希望、
假想的情形中，无法看清、感知和回应实际情况。他没有活
在当下。他的杯子太满了。

　　　使心无所住，一刻不歇地流动，摆脱限制和区隔。
切勿有意将心系于一处，而应任由它充盈周身，自如地
流动于你的生命之中。不要心生执着或使其凝固。不要
站在预设的立场上看待"实然"。我们并不是要断绝情
绪或感觉，而是要让其不黏着、不闭塞。

　　最后一句值得强调："我们并不是要断绝情绪或感觉，
而是要让其不黏着、不闭塞。"也就是不要否认、隐藏或回
避你的感受和你对这些感受的想法，而是要感知它们、承
认它们、与它们合作——试着理解它们对你、对当下的情
况有什么话要说——让它们告诉你自己哪里还存在着不足，
而别让它们吞没你、扰乱你、困住你。它们有想要告诉你的
信息。接受这些信息，说声感谢，继续前进。

冥想工具

说来或许不足为奇，我父亲自青少年时期就开始冥想，并以各种各样的方式持续了一生。冥想是很有用的工具，能够营造平和的精神空间，这种精神空间对于获得新的见解和清空你的杯子必不可少。我认识许多经常冥想的人，也认识许多受不了冥想的人。而实际上，每个人都会以某种方式冥想——你可能只是没有意识到罢了。我父亲偶尔会坐下，盘起腿，闭上眼睛，手掌舒适地搁在膝盖上冥想，他也会进行其他形式的冥想。但在细述之前，我们先来谈谈冥想为何有用。

就我们目前探讨的内容而言，不妨将冥想理解为一种放松心灵，让它漂浮起来的方法。这种练习意在营造一个

李小龙在练习冥想

空间——让你摆脱一切念头，与自在平和的本性保持联结。
你可以把它想象成做白日梦的感觉。你清醒着，但你的心无
所拘束，自如地在画面、观念、想法和什么都不想的状态间
游走，无有挂碍——就像套着一个充气的游泳圈，漂浮在
温柔而深邃的池水中。你什么都不用做，就能保持漂浮，很
轻松，很自由。没有寻常意义上的"思考"掺杂其中。你并
未思考今天的经历、要做的事、和伴侣之间的争执，或是冥
想结束后要去哪儿。你不是在收集证据。你只是给了自己一
个空间，彻底放弃思考。

　　当然，在冥想时，我们的注意力难免会被一些挥之不去
的想法攫住，尤其是刚开始冥想的时候。分析本就是心智的
主要功能之一，所以我们的心会很容易地脱离冥想状态，去
解决问题、制订计划，这是很正常、很自然的事。遇到这种
情况，不要自责，不要丧气，这也是练习冥想的一部分，事
实上，仅是意识到这一点，就已经朝着正确的方向迈出一大
步了。这意味着你正在逐渐觉醒！所以发生这种情况时，你
只需有所觉知就好，给自己鼓鼓劲，把你的游泳圈充满气，
让你的注意力回归中道。

　　营造这种平和的精神空间有许多技巧。有些人会关注呼
吸吐纳，当心开始游移或者开始评判我们的生活经历时（这
是必然的），就将其拉回到呼吸上。还有些人会持咒或进行
观想。我父亲的冥想方式有些与众不同。他喜欢一边运动一

边放空心灵、任其漂浮，他会在晨跑时冥想。有时还会一边在后院散步，一边冥想。如何冥想并不重要——眼睛是闭是睁，身体是坐是动——重要的是营造平和的精神空间。重要的是解开束缚，为新的感觉腾出空间。找到适合你的冥想方法，是了解自己和了解如何有效地清空杯子的又一步。

为了更好地实践"像水一样"的理念，我希望各位能够将冥想当作工具包中的一个备用工具。我父亲非常笃定地认为，冥想时不应该"努力"保持静止与平和。"努力"是空的对立。他年轻时，写到过我们在冥想中经常遇到的认知冲突：

> "我一定要放松。"但从思考"我一定要放松"的那一刻起，我就已经事与愿违地想了不该想的事。一定要做到的这份努力，已然与放松所必要的"毫不费力"相互冲突。

冥想时，我们应该接纳、顺从、松弛、放手。营造空间，融入空间。

正念和冥想异曲同工，也是要将你拉回当下。二者都是我们学着清空杯子的绝佳训练。如果你坚持日日练习，哪怕只花上五分钟，或是进行一些不需要思考的活动（慢跑、涂色、散步，乃至洗碗），都会开始体会到一种充电式的放松感，你的杯子会一下子腾出许多空间，容纳各种新的可能。就像我父亲十几岁时坐在那叶小舟上一样，你是在给自己营造思考、感受和存在的空间。

我喜欢做的一个快速练习是把父亲那段"似水"名言的第一句，作为观想的导语，让心安静下来，营造空间。我把我的心想象成一个神圣的水钵，里面装满了当天的一切想法和感受，我会念诵或默想那句话："清空你的心，似水，无形无状。"接着想象我所有的想法都被倒了出来，如一挂柔和的瀑布冲刷我的身体。让烦恼、待办事项和压力穿过我，流入大地。我静静地坐着，心中的水钵重新被干净、清澈、平静的水或白光装满，也可以想象其他令你舒适的东西。还可以把空水钵当作一种邀请，请你的心自行装入在当下那一刻需要你看见或感受的东西。重要的是不要强行营造一种想象和感受，只是接纳。如果它并未自行装满，那就用清水或光芒填满你的水钵，再一次冲淋全身。感受这种滋养，感受自身的轻盈。呼吸，放松，用这几分钟放空自己。这个练习让我想起了父亲说过的一段话：

> 谁能让混浊的水变得清澈？只要静置，水自己便可以澄清。谁又能获得绝对的安宁？只要保持冷静，任时间逝去，安宁最终会来临。

空是过程

西方认为"空"是一种空洞，是不存在。但在东方哲学和现代物理学中，这种空无一物是一种过程，永不凝滞。

请记住，对空性的追逐是一个过程。无法到达终点，因为过程永远正在发生。没有尽头。一旦你开始觉察自己的内心对白，练习清空心中的评判，这个过程就成了你的一部分。

有时你会将这套练习忘得一干二净，故态复萌，这时只要重新开始就好。不必因"犯错"而自责。我们的目标就是要放弃凡事都要分个对错的二元思维。我们可以看看自己做了什么、没做什么，看看自己的感受。它们不一定是错的，它们就是如此而已。正如我父亲所言：

活在"实然"之中，就是活在平静之中。唯有彻底放弃比较，才能看清"实然"。我们追求的不仅是刹那的领悟，更是持续的觉知，是一种不断求索而不予定论的状态。不加拣择地观看，奇迹就寓于观看之中。有一种觉知没有任何要求，不带丝毫焦虑，在这种心境下才能有所领悟。而这份领悟能化解我们所有的问题。

　　领悟真的能化解我们所有的问题吗？在很多方面，确实如此。有所领悟也许无法立刻变出明天要付的租金，但能让我们以不同的方式思考现状，看到以前看不到的可能，甚至还能让我们在面对挑战时比以前更包容、更冷静、更沉着。从容忍到内心的平静，再到得出实际解决方案，这种转变的每一步都存在着巨大的潜能。

　　在大多数情况下，如果我们能带着新的理解、新的视角去看待事情，如果能得到一些关于自己或现状的新知，如果能放下评判、预期和自我辩护，学着顺应当前的环境而不再顽抗，我们的杯子就可以不断装满新的可能性、答案和想法——因为杯子里始终有用不完的空间。然后，我们才能真正着手改变生活。

第三章

永恒的学生

生活就是你的老师，你始终处于不断学习的状态中。

经典糟粕

1964年，我父亲在加利福尼亚州奥克兰开设了他的第二间武馆。他和我母亲结了婚，母亲怀上了第一个孩子——我哥哥国豪。我父亲的武馆名为振藩国术馆，设于西雅图和奥克兰，教授稍加改良的咏春拳，也就是他青少年时期在香港学的那种武术。之所以说"稍加改良"，是因为他当时已经开始思考和尝试做些技巧上的改动——并未大幅偏离传统规范，只是比如脚稍微倾斜一些，加强腰部动作，强调对阵时如何更快出招等变化，但主要内容仍是咏春拳。

不过，因为他是李小龙，因为他才24岁，说话便有些无所顾忌。他对传统的反抗，惹恼了在旧金山唐人街里教中国功夫的老前辈们。我父亲曾在唐人街的新声剧院（Sun Sing Theater）做示范表演，他毫不客气地放话说，中国武术被很多无谓、多余的动作所束缚，并多次使用"经典糟粕"一词贬斥其他传统功夫流派。他还会和人叫板，让他们上台来，一较高下。

仿佛嫌惹的祸还不够多似的，他的武馆还接纳所有种族和背景的人。以往，功夫界讲究遵循传统，虽然偶尔有些非华裔者想方设法能来上两节功夫课，但中国功夫的大门并没有对所有人敞开。但李小龙不尊重规矩，甚至"践踏"了规矩，唐人街的传统人士容不下他。

1964 年年末，旧金山唐人街武术界向我父亲下了战书。他们受够了这个胆大包天的年轻人和他离经叛道的做法，要用尽一切手段让他闭嘴。他们提出要在我父亲开在奥克兰的武馆进行决斗。如果他们的代表赢了，李小龙就要停止教学；如果我父亲赢了，则可以继续开馆。我父亲自是应战。他绝不会允许任何人用这种方式左右他的生活，他很有信心，一定能打赢。他相信自己的能力，无论结果如何，他都不能不站出来捍卫自己和自己的信念。

听起来虽然像电影情节，但却是我家人的真实经历。我母亲当时已有几个月的身孕，她和我父亲的好友兼助教严镜海（James Lee，已故）一起见证了决斗。1964 年 11 月，唐人街武术界集结数人来我父亲的武馆挑战。他们从中选出了一个武师作为代表，因为他最具实力，但此事并非由他直接挑起。而后他们开始制定规则：不许挖眼、不许袭击腹股沟、不许这个、不许那个……我父亲打断了他们。

没有规则。

我父亲表示，既然他们誓要威胁他的生计，想封锁他生命中非常重要的东西，那么这场比赛就只能是一场拼尽全力的真正决斗。这场决斗将战斗至一方倒地不起或举手投降才可罢休。就是这样。唐人街的人简单地商议了一下，同意了。其余人等退至场边，我父亲二话没说发起了攻势。

这场决斗本身就非常不正统。过了几招之后，对手撒腿跑了起来，我父亲追着他从后面发起攻击，想抓住他。传统武艺在求生本能面前已屈居下风，二人出招皆不成章法，逐渐狂乱。较量大约持续了三分钟。对手最终瘫倒在地，我父亲制服他，举起拳头，用粤语大喊："你服不服？服不服？"最后，那人屈服了，答说："服。"

虽然赢了，但这些人走后，我父亲却坐在武馆外的街沿上，像个失败者一样双手抱头。母亲走过去，问他为什么这么沮丧。他应该庆祝，不是吗？

不错，他赢了。但他失去的是比胜利后的喜悦更有分量的东西。此前，我父亲在示范武艺时，会说些"试着攻击我"或"试着挡住我的拳头"之类的话。但他给出的这些指示，都在他的经验范围内。也就是说，接下来可能发生什么，他在一定程度上可以预见，是可控的。但这场决斗不同，对他是种全新的考验。

　　首先，他不得不追着对手满场跑——格斗一般可不这样——他跑得上气不接下气。其次，他不得不从后面攻击落跑的对手——武术也不是这么练的。最后，他们放弃了传统的步型、规则和出手的分寸，虽然是我父亲要求的，但当这一切发生之时，他仍然毫无准备。

　　这场决斗暴露出了一些他以前未曾注意的问题，尤其是他的体力并不太好。请别误会，他的体格很好，但这种体格只是靠习武练出来的。他没有做过交叉训练或是纯粹的体能训练。决斗结束后，他也清楚地看到，传统的咏春拳并未让他为"可能发生的一切"做好准备。虽然他还是赢了，一直保持冷静，也数次出手，但却都是临阵强为，他感到自己很草率，失去了控制。他看到自己还有很多问题需要考虑，还有很多东西需要学习。

　　事实证明，这场决斗是我父亲一生的转折点。要是他没能"清空"自己，腾出空间来真实地评估整个情况，很可能看不到有待学习的一切。他会和好友严镜海击掌相庆，拥抱我母亲，出去大吃一顿，然后告诉所有朋友他是如何把唐人街那帮老家伙打发走的。如果是那样，今天你便不会知道他的名字，我自然也不会写这本书。

　　我父亲并未沉醉于他的胜利，而是吸取了这次决斗的教训，开始了漫长的个人征程。他开始研究如何成为一个全面、强壮、敢于创新的格斗家，如何破解自身的局限，以及最重要的一点，如何成为一个流动的人。

　　这场决斗后不久，我父亲开始考虑格斗的真实情况，以及如果习武者不被武术流派的传统或规范所束缚，会迎来哪些新的可能。这是他武术生涯中的重大启示，也是截拳道艺术的发端。作为认真对待这段新历程的象征和证明，他请既是朋友也是弟子的金匠李鸿新（George Lee）为他打造了一件物品。

　　他给李鸿新寄去一张微型墓碑的草图，要求镌上碑文：

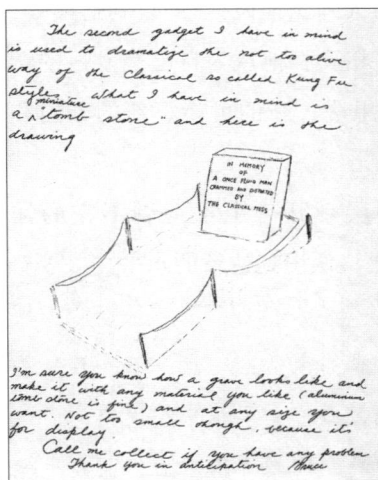

李鸿新根据李小龙的设计图（左）制作的微型"墓碑"

"深切缅怀一位被经典糟粕充斥和扭曲了的、不再流动之人。"这个墓碑提醒我父亲，必须"葬送"有限、僵化、传统的方法，才能重新找回原本流动的自我。这个墓碑提醒他，要如流水一般前行。

没有大师

　　每个人都必须自己探索如何实现自我，这是任何大师都无法传授的。

我父亲从不愿别人称他为大师。他说："一旦到达巅峰，便无处可去，只能往下走。"相反，他认为自己是永恒的学生——始终开放地接纳新的想法、新的可能、新的方向和新的成长。

他将自己的经历视作层层剥开一个永远剥不完的洋葱——不断揭开灵魂的新层次，认识到达新的水平。

　　我的生活似是一种自省的生活：一点一滴、日复一日地剥开自己。对我来说，做一个人越来越简单，而越是深入地自我探索，就有越多问题浮出水面，而我也就看得越来越清楚。我很欣慰，自己每天都在成长，实话说我也不知道自己的极限在何处。可以肯定的是，每天我都能收获新的启迪、新的发现。

这是一个热爱学习之人的肺腑之言。这种专注于理解和成长的热情点亮了他，也解放了他。让他有机会去探索、去创造，成了他天赋异禀的一个标志。其他人也许想都没想过，他将武术训练与哲学理念联系了起来，因为他开放的心态，是绝佳的实验先驱。

比如，在发展截拳道艺术时，他不仅从正统的武术中寻找灵感和信息，还研究了西方的拳击、击剑、生物力学和哲学。他欣赏拳击的简洁，将其理念融入他的步法和上肢技法中（刺拳、交叉拳、勾拳、左右闪身、U型迂回闪身等）。至于击剑，他从研究步法、有效范围、阻击和回刺的时机入手，而阻击和回刺这两种技术都讲究以先发制人的动作进行攻击和防御。学习生物力学时，他将人体的运动作为一个整体来研究，力求在理解生物效率及生物优势的基础上，研究运动的物理规律。在哲学方面，他广泛涉猎东西方哲学家的著作，如老子、阿伦·瓦兹（Alan Watts）、克里希那穆提，也阅读当时流行的自助类书籍。他开放地接纳所有启迪、所有可能性——唯一能限制他的是他自己的想象力与理解力。

我也很喜欢在生活中做些实验。我会尝试做一些小小的测试或者构建情境，再看看这能给我带来怎样的感悟。例如，我曾在一段时间内答应所有邀约，坚持诵经数日，或每天早上喝杯温热的柠檬水。我参加过一些感兴趣的宗教仪式和研讨会，也曾在一段时期内一味按直觉行事，或是有意识地投入一段感情，看看最终能发展到什么程度。如今，在进行这些实验时，我会试着保持空性的姿态和步伐——不予评判、保持开放——以便真正去看、去感受、去理解什么是对我来说最好的生活方式。

很多时候，我并未从头至尾把一场实验进行到底，但依旧收获了一些信息。我没能坚持下去，是因为这么做不适合我吗？还是因为太难了，抑或遇到了一些盲区和障碍，所以半途而废了？只要你愿意钻研，就有无穷无尽的学习和成长的可能。

最重要的是，这种实验的立场能使得凡事少一分沉重，多一分趣味。由好奇心和可能性所构成的新的认知框架，能缓解压力和恐惧，而后者多半源自你处处受限且不可更改的决定。把生活当成一场实验，认真分析并开放地接纳自己的发现，也许能减轻一点生活的沉重。

化身研究员

我们在李小龙家族企业内部开展了一个项目，是由我的朋友及同事莎伦·李（Sharon Lee）提出来的，名为创意星期五。我们接到的第一个任务就是去做一些自己感兴趣或者好奇，但从未尝试过的事。这意味着我们要化身研究员，像探险家一样踏足新领域。

我生性有点内向，在社交场合有时难以融入，没法谈笑风生，总希望能碰上一个非常健谈的人，搭个顺风车。但当我将自己当成研究员时，一下子就有了全新的视角。我不再是那个精神紧张、不善言谈之人。相反，我在执行一项调查任务。我可以把关注的焦点从自己身上移开，对准我的研究对象。

获得这份崭新的自由后，我去参加了许多以前想去但没有去过的课程和社交活动——呼吸训练、一个全是陌生人的派对、灵气疗法。我能够观察周围人并与之交流，结果是得到了锻炼，让自己活得更开放了一些。

这种好奇的姿态让人既自由自在，又能沉浸其间。与其被动地参与、冷眼旁观或是背负着重重压力想要表现出众，不如化身冒险家、侦探、记者或人类学家。只要你积极参与，哪怕只是出于好奇进行观察，一个崭新的世界也将向你敞开，浑然不似你想象的那般乏味可怕。

我的女儿正值青春期，每当她跟我说感觉很无聊或者老师很没劲时，我总是如此建议她。我劝她去挑战一下自己，看看能发现什么，有什么感兴趣的。把这个过程变成一场游戏。在任何情况下，都要看看有什么可以学习和观察的。例如，现在就可以停下来，感受你周围的环境。你在咖啡店吗？还是在家躺在床上？你感觉如何？这本书吸引你吗？你是否受到了激励，看得津津有味？还是看不下去，直打瞌睡？你待在这儿开心吗？还是有噪声干扰，觉得很烦？你能由此对自己产生怎样的认识？你能看出你现在究竟是在烦什么吗？是这本书、噪声，还是今天早些时候发生的事？可以的话，你会做出哪些改变？还是说现在这样就挺完美？你现在是否对自己产生了一些认识而之前并不知道？

值得留意的东西无处不在。也许你能从中发现的最有价值的一点是，自己所做的事或所在的地方非你所愿——这就给了你一个机会去着手规划出路！这可是如同金子一般的发现，它能让你不再南辕北辙地追求一条违背自己灵魂的道路。

研究你自己的经历

截拳道和我父亲的人生所共通的核心追求之一就是："研究你自己的经历，吸收有用的，摈弃无用的，再加上你独有的。"

一如我们在本章开篇的故事中看到的那样，我父亲全面总结了奥克兰那场决斗的经历，这一点至关重要。如果他尽管对自己的胜利隐隐有些不安，但只是把这些念头草草地束之高阁，放到以后再说（通常都没有以后了），就会错失一个重要的成长机会。正因为他重视并认真对待自己的所有经历，尤其是烦恼的部分，才创造了一种新的艺术形式和哲学理念，进而改变了世界武术的格局。

虽然李小龙的人生为我们树立了一个出众的榜样，但别忘了，我们应该关注的是自己的生活历程和生活方向。李小龙式人生故事已经谢幕，但我们的人生还在继续。李小龙可以成为一位了不起的指路人。正如他自己所说：

> 记住，我不是老师，我不过是一个指向标，为迷途的旅人指引方向。去向何方得由你自己决定。我能传授的只是一点经验，而非定论，所以我所说的一切尚需你自己去验证。我兴许有能力点醒你，帮你发现和审视你的问题。老师，尤其是良师，他所传授的绝非真理本身，而是去指引寻找真理的方向。

换言之：不要放弃你的自主权。走自己的路，创造自己的经历。尊重并感谢你遇到的指向标、学到的经验和为你引路的老师，但请记住，要对你的道路和成长负责的有且只有你自己。

如前文所述，你的经历中总有值得留意之处。最好的切入点是你对事物的感受——是备受激励，还是乏善可陈？是引人入胜，还是索然无味？这让我们能以辨别的眼光评估经历过的每一件事，弄清楚哪些事物反映了我们是谁。由此，我们才能够触及（或记住）自己的本性。回想一下，如果水无法得到它本性所需的流动，以及和源头的连接，就会淤塞、蒸发。要研究自己的经历，就要从周围的环境中学习——要与当下保持顺畅的联结以追求那些让我们感觉最有活力、美好且契合本性的能量。

了解你的无知

研究自身经历的难处在于，我们往往不了解自己的无知。我们有何无知之处？我们对真实的自己——也可以说是灵魂——缺乏了解。我们不了解自己在开创生活这件事上掌握着怎样的主导权，才总把矛头对准外界，而非内在。而这个问题的根源出自我执。我们常常自认为知道自己想要什么，应该走哪条路，但实际上只是我执在说话，告诉我们它认为什么最适合我们。盖瑞·祖卡夫（Gary Zukav）在《心智力》（*The Seat of the Soul*）一书中，把这个问题描述为人格的需求和灵魂的需求之间的斗争。那么，我们怎样才能区分什么是源于我执，什么又是源于灵魂或本性呢？

　　"应该"一词就是一个关键指标，它表明处于主导地位的是你的我执，而非灵魂。如果你的决定大多出于"应该"，那么指引你的未必是你真正的本性。你可能把做主的权力交给了任何"应该"的仲裁者——父母、伴侣、老师、宗教信仰、社会等。

　　另一种需要提防我执作祟的情形是，发现自己过于在意别人如何看待你。我执源于你对自身形象的认知，以及你对别人的某种眼光的执着——比如，在意你的名声。如果你担心别人对你的看法，如果你需要别人看到你的好，如果你从不希望别人看到你的瑕疵，如果你非要拥有豪宅名车不可，那么忙于发号施令的就是你的我执。想要拥有好东西或者做个好人并没有错，但这是否会左右你的行为方式，破坏你内心的平静？你是否纠结于别人对你的看法和感觉？你是否因为在意别人的眼光，而去做些根本不想做的事？你的自我价值是否取决于外在环境？

　　确认我们行事的出发点是我执还是本性后，又该如何进一步了解自己的无知呢——特别是如果我们根本不清楚无知的根源在哪里呢？发现自己的无知实际上是佛教教义中的一个深层观念，我们之所以受苦，是因为我们把幸福与否寄托在了外在事物上。我父亲经常谈到这点。发现自己的无知最需要的就是自觉和诚实，但即便我们还不具备全面的自觉，也是可以做到的。只需下决心真正去审视，那么该从哪里着手呢？

你可以从"应该"入手。倾听自己的心声，观察别人给了你一个"应该"遵从的选择时你有怎样的感受。当妈妈让你回去过感恩节时，你觉得你"应该"回去。这个"应该"让你有何感受？是兴致勃勃？还是无言以对？要是你感到充满能量，那么这个"应该"就是你本性的表达，它并非一种"应该"，而是对你看重的东西的认可——阖家团圆、旅行等等。这是你发自真心的表达。但要是你感到沉重或压抑（哪怕只有一点点），那就值得细想了。你为什么一点不兴奋？为什么感觉沉重？好好分析一下！这么做或许无法改变已经决定之事，但可以找出原因，让你活得更清醒、更自由。它可以帮你弄清楚你究竟看重什么，还有什么地方需要改善。

"无知（ignorant）"这个英语单词本身也藏有线索，它的词根是"忽略（ignore）"。你在生活中忽略了什么？有什么想法一直挥之不去，你却一再回避？有什么感受三番五次卷土重来，你却压抑和否认？有什么模式在你的生活中反复上演？我认识一个人，他总跟我抱怨别人爱说他坏话，例如说他是两面派。他辩称自己绝非如此，这些都是流言蜚语，他搞不懂大家为何老这样说他。我无意判断真伪，我建议他问问自己：是否做过让人怀疑自己品行的事？这样他就能以看清自己为目的，真诚地探究一番，看看别人可能是如何看待某些事的，最终再决定自己是否需要做出改变。

当然，有些实质上有好处的事也带有"应该"二字，比如"应该吃得营养""应该多加锻炼"。这类"应该"可能正符合你的需要，但或许因为你要么被迫去做，要么置若罔闻毫不上心，这些事对你来说感觉很沉重，因此依旧需要仔细审视。也许真正的问题并非饮食或锻炼本身，而是你的核心创伤，那些你一直忽略的创伤，让你不愿好好对待自己。

一直以来，我都会通过吃东西的方式来舒缓情绪。我一生都在努力改变这种模式。大概30多岁时，我隐约意识到了这个问题。然后我又责备了自己10年，但依然无法改变。食物成了我奖赏和惩罚自己的渠道，反抗和控制自己的渠道，也成了我获得安慰和快乐的渠道。而你又不能完全停止进食——食物是身体必不可少的补给！

光知道有这样的问题，并不足以让我找到解决办法，部分原因是我没有以好奇且开放的方式积极尝试解决问题。我承认这个问题的存在，但却不知所措，只能采取一些常见的对策——抱怨、自嘲、疯狂节食与一时兴起的锻炼。有时我会超重，有时觉得自己很差劲。但毫无疑问，我并未尝试去寻找问题的根源。我想，我也不算极度肥胖，吃点东西又怎么了？

如果有一件事大量消耗着你的心力和体力，那么无论是否有生理表现，这都是一个问题。置之不理的话，它会让你长期生活在和心中消极情绪的斗争之中。毕竟，只要你对自己诚实，就算不知道该怎么办，你也很清楚到底是什么在侵蚀你的心。

直至我到了40出头的年纪，有一天，我跟人提起父亲去世时的事。我和他们说起香港那场让我刻骨铭心的葬礼。当时我感觉非常混乱。成千上万的人站在街道两侧，各大新闻机构派来大量工作人员，还有众多粉丝在沿街哭泣。那是一场开棺瞻仰遗容的送别仪式，母亲、哥哥和我都按照中国的传统披麻戴孝。我们在无数摄影师和镜头的注视下，走到父亲的遗体前鞠躬行礼，然后于灵柩前席地而坐。我记得周遭的混乱如龙卷风一样将我围困，而我则呆呆地置身于风暴眼里。我表情木然，大概惊魂未定。毕竟，我只有4岁。

仪式结束后，有人和善地牵起我的手说："走，我们去吃糖。"我仍记得自己当时的想法："太好了！赶紧给我一些立马就能让我快乐的东西。"

就这样，年过40岁的我从这个故事中发现了自己饮食问题的一个起源。虽然这并非问题的全貌，但却足以让我了解困扰我一生的这个问题的原因。根源一直在那儿，我却没能联想起来，因为我没有真的用心去看。我一直在逃避父亲去世时的感受，而为了逃避那些感受，我没有看清这种自我破坏模式的真相。我的安全感包裹在一颗糖里（或者说一袋糖，如果你了解我的话），而我以前一直以为进食紊乱的问题只能靠强烈的自我否定来控制（专业提示：这种做法不可能真正治愈或解决任何问题）。

我每天都在不断地了解自己，改变旧有的观念，就像父亲一样。我越来越意识到那些被自己忽略或否认的东西。当学习的过程越来越快，内心的斗争便越来越少，也越来越温和。虽然发现自己用吃东西来自我安慰这一习惯的根源并不能彻底解决问题，但却给了我一些探索的方向，让我知道还有哪些地方需要我用心。一如父亲所言：

> 学习就是探索，探索我们无知的原因，探索我们的内在。我们在探索的过程中，展现自己的能力，睁开自己的眼睛，从而发现自身潜能，看清正在发生的事，找到扩展人生的途径，找到可行的方法帮助我们应对和成长。不要急于"解决"，相反，要在不断探索的过程中丰富你的理解，找出更多无知的原因。

开始真正地看

我能在进食问题上取得突破相当偶然，但你不必依靠这种偶然。不妨把我的故事视作一个提醒：只要你决心变得清醒，开始关注自己的问题，可以免去很多年的挣扎。如果我以前就下定决心弄明白这件事，我本可以仔细观察，看出个究竟来。所以我鼓励你敞开心扉，仔细去观察，哪怕会遇到疼痛和恐惧。

我无意对你撒谎：审视自己的问题需要勇气，解开问题更需要下功夫，有时难免会心生挫败。你可能不知道自己在做什么，也不知道下一步该怎么办。你视作根基的想法可能会动摇，让人有些不安。你可能觉得不去看、不去了解还更轻松，就这样一辈子忍受着灵魂的痛苦。但当你有了技巧和实践经验后，你将学会克服你的恐惧。一切会变得愈发容易——而你的人生历程则会充满乐趣，甚而开始激发你的热情。

在奥克兰的对决中，我父亲感受到了他内心的挣扎、挫败和恐惧，他没有逃避或掩盖这些，而是对自己说"仔细看一看吧"。他相信"了解你的恐惧是真正地看的开端"。你必须愿意去正视自己的痛处。如果你不去看，不去观察，就永远无法发现自己的重要一面——那一面可能妨碍着你前进，三番五次地阻挠你，不让你得到治疗和成长。

了解你的恐惧，是最大限度地发挥自身潜能的一个重要步骤。"恐惧，"我父亲解释道，"迫使我们依附于传统和权威。要是心怀恐惧，就不可能有首创精神。"他接着说，"畏惧痛苦是发展的大敌——不愿经受一丁点磨难。一旦感觉不快，便中断原本连续的觉知，变得恐惧。"所以关键在于要将这些不安纳入你的觉知之中，不要逃避。当你直面自己的恐惧时，就能引发一个奇迹：它们再也无法控制你了。它们只是你自我认识过程中的又一块拼图，又一个关注点，又一层发现。

记住，不要拿恐惧或缺点打击自己。我们都有这些问题，它们不过是张地图，指引你前去挖掘和探索。而且正如你即将看到的，我们的缺点也有两面性。

优缺点

优点与缺点密不可分。你或许会分开看待二者——你自有缺点，也另有优点。但我将二者的二元性视作阴阳在现实生活中的写照。在仔细审视自己的过程中，我意识到不承认自己的不足，也就无法自豪于自己的能力，反之亦然。譬如我很擅长独处，喜欢安安静静地待着。我很坚强，很独立，很少觉得无聊。另一方面，我有时会一个人躲着，很难与人交流。急需帮助的时候，也不会开口求助。我很会硬扛，但也因此精疲力竭。

我还从各式各样的经历中发现，我喜欢变化。我喜欢在饮食、工作和其他事情上加点花样。心血来潮、惊喜和新体验（哪怕是麻烦的体验）都很合我胃口。所以自然地，我会苦于一成不变的常规。直到30多岁，我才终于养成每晚洗脸的习惯。我很难按时还账或定期查看邮件，去超市采购和洗碗对我来说也都是难事。

喜欢随遇而安、享受新体验的优点，也使我难以处理那些必要、常规和平淡的事。发现这样的自己，认识到我的"缺陷"其实与我的优势密不可分，有助于我在生活中保持客观，维持一种平衡。此外，也有助于避免自我打击，因为每种缺点都是优点，而每种优点亦是缺点。如果要指责自己的缺点，也该赞美自己的优点。或者索性不去判定好坏，只是与之共存，继续（像水一样）前进，追求平衡的流动。

自我认知是一个平衡的游戏——要了解自己每时每刻的真正需求。我们既需要休息，也需要做事。既需要独处，也需要社交。既需要自立，也需要帮助。而要想知道我们有着怎样的需求，唯有探索自己的本性。

问问自己，你能从自己身上发现什么。从小处着手——你最喜欢的电视节目能让你对自己产生怎样的了解？你的工作方式、与同事相处的方式，能让你了解自己想成为怎样的人吗？那些棘手的人际关系和人际冲突呢？你能从中学会平衡自己的优缺点吗？你需要控制哪些冲动，又需要松开哪些控制？

也许你最喜欢的电视节目表明你爱笑、爱看到生活浪漫的一面，喜欢美好的理想和快乐的结局，但同时可能也表明你有逃避现实的习惯。也许充满压力和消极的现实生活会给你带来更多苦恼，因为它们打破了你的幻想，令你消沉万分。也许你在生活中其实比较消极，因为万事都不像你喜欢的电影中的样子，也许你给自己设下了高不可攀的标准。

工作上，你也许有条不紊，和大家相处愉快。你尊重每一个人，无论他在公司处于什么位置。你总会把办公室里的餐碟收拾干净，偶尔还会给同事带点吃的。多好的人哪！再来看看另一面。别人没有按照你的想法行事，你是否会生气？你是否无法容忍任何脏乱，还会以此评判他人？你是否有种优越感，因为别人都不如你"好"？拜这种优越感所赐，你的人际关系究竟如何？你努力做一个好人，别人表面上也对你以礼相待，但却只是泛泛之交？你是否认为一旦做回满是缺点的自己，大家就不会赏识你了？"做自己"这个想法是否令你感到羞耻？

列一个清单：你有哪些擅长与不擅长的事？然后，在所列事项旁边，写下这件事可能赋予了你怎样的优缺点。譬如，我很不擅长整理——但也意味着我不需要把每样东西都摆放整齐才觉得舒服（有些人会因杂乱而手足无措）。花点时间看看自己有哪些优缺点。你能否看到这些信息在引导你更清晰地认识自己？你能否看到你所认为的"优"与"劣"，其实是一枚硬币的两面？你能否看到完整地接纳二者，有助于营造内心的平衡，彻底放下"优劣"之分？

> 批评他人、打击他人非常容易，但了解自己却需要
> 一生之久。对自己的行为负责，无论好坏。毕竟，所有
> 知识其实都是对自我的认识。

自　助

我们之所以致力于深入辨识、理解和完善真正的自我，是因为缺乏这些认识和历练，就无法发挥我们的全部潜能，触及自然的本性，故而也无法变得像水一样。如何认识自己，如何引导自己的思想，是决定我们能否流动起来的关键。按我父亲的话说，重要的不是你思考的内容，而是你思考的方式。只要"方式"恰当，"内容"将迎刃而解。下面这段话就是一个例子。这是我最喜欢的一段话，源自我父亲：

> 检视问题，我们才能发现真理。问题与答案密不可
> 分，问题即答案。

具体来看。比如一道简单的代数题，3+X=10，没有等

式的其他组成部分就无法求解 X。答案就寓于问题之中。要是我们去冰箱里寻找这道数学题的答案，岂不是疯了。然而，我们每天都在做这种事，把自己的问题归咎于别人。并不是说别人不会给我们添麻烦，但解决的办法永远掌握在我们自己手中，永远。我们只是需要开动脑筋去寻找那些暂未找到的办法。

上班老迟到？把闹钟的时间调快十分钟。没用？那早点睡，以免早上无精打采。这样也不行？那就看看你是不是有些抑郁。有点眉目了吗？你抑郁的根源是什么？需要寻求帮助吗？跟着问题走。可以试着去解决，但要跟着问题走。看看你能注意到些什么。跟随问题的引领。

我父亲鼓励我们遇到问题时"要警觉、要质疑、要发现、要倾听、要理解、要开放"。这是个很好的自检清单。我是否在用心留意？该问的问题我是否都问了？我是否找到了答案？我是否在倾听？我是否理解发生的事？我是否心态开放地接纳自己的全部体验？我父亲告诫我们，不要致力于收集信息，而要"致力于理解"，因为"重要的不是你学了多少东西，而是你从中吸收了多少东西"。

李小龙会将他的想法写下来，始终积极消化他所学到的东西。严格来说他写的并不是日记，他没有留下大量装订齐整的日记本，但他的确会记录自己的进展，清楚地写下自己的想法、目标、梦想和推断。写信和写文章前，他都会打很多草稿。第五章我会细讲我父亲如何将写作作为一种整理思绪的工具。而从他的笔端，我们可以看出他最看重什么，是什么促使他走上了自我发现之路——用他的话来说，即自助。

在1972年的一篇文章中，他提到他生性喜欢刨根问底，年少时，总爱问自己这些问题：

> 胜利了又如何？
>
> 人们为何如此看重胜利？
>
> 何谓"光荣"？
>
> 怎样的"胜利"才算"光荣"？

我父亲回忆，他小时候是个捣蛋鬼，很不招长辈喜欢。他说："我十分淘气、好斗、性烈如火。不仅与我年纪相仿的对手不敢来招惹我，就连大人也拗不过我的脾气。"他也不知道自己为何如此好勇斗狠，但凡遇到看不顺眼的人，第一反应就是要挑战对方。但如何挑战呢？"我唯一能想到的就是我的拳头。"我父亲如此写道，并接着说，"我以为胜利就是打倒别人，未曾意识到靠蛮力得来的胜利并非真正的胜利。"他还回忆后来就读于华盛顿大学，在导师的指导下选课。这位导师注意到他求知欲强，爱问问题，于是建议他选修哲学。导师告诉他："哲学会告诉你人为什么而活。"

我父亲表示许多亲友都对他选修哲学感到惊讶，因为一直以来他都只痴迷武术。他们以为他会在大学里学点体育方面的东西。然而我父亲很快就找到了哲学与武术之间的联系。如前所述，他曾写道："每种举动都有其缘由。我希望将哲学的精神注入武术，为此我坚持研习哲学。"

接触哲学后，他开始看到他以前的错误，后悔之前对胜利的妄断——而这些全有赖于他能诚实地反省自己的行为。多年后他有了结论，他意识到："无论喜欢与否，我都不得不接受身处的环境。作为一个内心充满斗志的人，一开始我想要对抗环境。但我很快就意识到，我需要的不只是会导致自我消耗的内在顽抗与无谓冲突，相反，我更应与之联手，去适应环境，最大限度地利用环境。"与麻烦和问题联手，让他找到了一直在寻找的解决办法，让他对挚爱的武术和他自己有了更深的理解。

在持续探究问题时，建议将写作当成工具记录下自己的发现，整理你的想法。不要只是在脑海中想，而要将它们写下来。真真切切地记录下你的喜好、你的好奇心、你的实验、你的想法、你的梦想。如果只是停留在想法，没有真正表达出来，再转化成具体的实践，想法可能只会随波而来又随波而去，只是一场模糊的梦境或回忆，缺乏真正的行动计划。

就像刚开始经营公司时，我对想要实现的目标有个大致的想法，但无法用语言表达出来。这是因为我并未真的花时间，用简单易懂的语言把我的愿景、使命与价值观考虑清楚。员工们都听从我的指示、信任我，但他们对这艘船的航向却不甚明了。如果我的脑海里只有一个模糊的想法，会使得大家失去了至关重要的工作动力。

　　将想法落实在纸上的做法，有时还可能成为自我实现的关键，让我们感觉到自己的奇思妙想和发现是确凿的，不会被遗忘。你可以在纸上（或电脑上）思考进展，列出困扰你的问题。那儿可以成为你的工作间、安全网、游乐场或私人发泄地，成为你自助的关键。

　　我父亲在文章中为他的求索之路设下了清晰的路标，他非常推崇自助。他所说的"自助"并不是要你在书店的新纪元①专区安营扎寨（虽然他的确主张规范阅读各类书籍，他认为自己的"精神食粮"就是"专而精的阅读"），而是指能帮助你的只有你自己。就算向他人求助，也是一种自助。无论你采取何种方式自助——读书、记日记、寻找导师、接受治疗、与信赖的朋友谈心、冥想——其实都是你在自己摸索解决之道，寻找新的发现，学习什么有用什么无用，了解自身的优势和劣势。这是一个自强自立的过程。

_____

①　指20世纪60—70年代兴起于美国的新纪元运动，提倡追求个人的灵性成长，途径多元，杂糅了东西方传统宗教精神和现代科学观念。新纪元运动已成为西方主流文化的一部分，很多书店都设有新纪元书籍专区。

如我父亲所言：

　　通过真诚去经历和潜心学习，我发现最有用的帮助，就是自助。除了自助，别无他法。自助有很多种形式：日常生活中的发现、全力以赴的诚意、锲而不舍的奉献，以及认识到这一切没有极限和终点，因为生命是个不断前行的过程。

当我们以好奇的心态深刻地审视自己时，必须勇敢面对心中的恐惧，准备好将我们对自身的理解融入我们的生活经历。这种不断独立求索的状态会带来新发现，最终成为我们发掘自身潜能进而流动起来的途径。还有一个令人兴奋的惊喜之处在于，这种学习和发现的过程是无限的——因此，我们的潜能也是无限的。

　　我很肯定，每一天都有能够让我收获的新启迪、新发现。我不敢说自己已经达成了何等成就，因为我还在学习，学无止境！

正在阅读的李小龙

第四章

对　手

了解自己，就是要研究你与他人的互动。

注意：在本章中，请不要从"敌人"的角度去理解"对手"一词。此处的对手更像是切磋的对象——他们和我们紧密相连，最终会以精彩又难以对付的方式向我们发起挑战，让我们成为更好的自己。

刘的片段

电影《龙争虎斗》(*Enter the Dragon*)中，有一段情节被我们亲切地称作"刘(Lao)的片段"。我父亲饰演的李，从谈话中抽出身来，对弟子刘进行指点。小男孩和我父亲相互鞠了一躬，场景随之开始：

李："来，踢我。"

刘冲着李的大致方向，做了一个漂亮的侧踢。

李打断了他。

李："刚才那是什么？表演吗？要有感情。再来。"

刘又踢了一脚，但这次他的表情稍显狰狞，踢出更具攻击性而略失准头的一脚。李再次打断他。

李："我说的是'要有感情'，不是愤怒！再来一次。冲我来！"

刘紧盯着李，非常简洁地一脚踢向李的胸口，接着又连踢了一脚。刘踢腿时，李也顺势而动，两人的动作很协调。这次李很满意。

李："这就对了！你现在有何感受？"

刘："我想想……"

李拍了一下刘的脑袋，因为刘脱离了他的体验，想要用头脑去分析。李训诫了他。

李："不要想！去感受！这就像用一根手指指向月亮。不要只盯着手指而错过天上的月光！明白吗？"

刘点头称是。两人收势，鞠躬。刘俯身望着地面。李又一次拍了他的头。

李："就算是鞠躬，也要看着你的对手。"

两人对视鞠躬，授业结束。

这个场景是我父亲写的，用来阐释他的一些格斗理念，其中有些台词成了这部电影中的经典。这场小小的交流蕴含着丰富的信息，有他对武术和生活的看法，以及如何与当下的"实然"建立起真正的联结。

注意当弟子第一次踢出一记漂亮的踢腿时，我父亲说："刚才那是什么？表演吗？"换言之，你在踢谁？为什么踢他？这个踢腿是很漂亮，完成得不错。但与你、与我、与我们此时此刻所处的情境有什么关系吗？踢腿的目的是什么？你想表达什么？这个踢腿似乎只是为了表演而踢腿——脱离了环境。

"要有感情。"他提点道。

男孩又试了一次，但他把感情与攻击性的情绪混为一谈了。所以他调动情绪，神情紧绷地用力猛踢了一脚。而李训诫他："我说的是'要有感情'，不是愤怒！"我父亲说的感情根植于情境——要与眼下的情境保持恰当的关系，感受当前环境中的能量，也就是感受当下正在发生之事。愤怒并不契合当下的环境——二者所处的师生关系。李接着说："再来一次。冲我来！"和我互动。踢我。把你的注意力指向我。朝我来。我希望你在当下的情境中以恰当的用意来踢我。所以，把注意力放在我身上，拿出你的觉知来，把我囊括进去。换句话说，试着完全按照我的要求来踢我。

刘再次尝试，这次踢得很准，有目标、有用意。二人来回移动，犹如共舞。李欣喜万分：好！这就对了！接着他问刘："你现在有何感受？"刘若有所思地把手指放在下巴上，扭过脸去，开始沉思。你可以清楚地看到他把脸转开了，想要用大脑回想和分析这段体验。李便又敲了他的头。

"不要想！去感受！"不要为了分析而脱离你的体验。不要把自己与刚刚发生的事割裂开来。不要消失。李问的并不是"你有何想法？"他问的是有何感受。现在和我切磋的你有何感受？你能否和我、和这种感受共存，对正在发生的事做出直接反应？接着他对刘说："这就像用一根手指指向月亮。不要只盯着手指而错过天上的月光！"不要只专注于某一段体验，而错过闪耀着光芒的完整体验。在持续不断的完整的体验中才有更深层次的认识。最后，李嘱咐道："就算是鞠躬，也要看着你的对手。"直到离场前，也不要让联结完全断开，关闭自我。要置身当下，保持觉知。

上述例子中的"对手"是一对师生。师父（我父亲）想让弟子（刘）与他和环境建立起直接的联系。他想让他去感受、去感知，专注于和切磋对手的互动，而不仅仅是上一堂技巧娴熟却流于表面的武术课。他希望他们之间有真正的互动。毕竟，如果一个格斗家无法与对手建立起有效的联系，就不可能对即将发生的事做好准备。换言之，他会被打败。他被隔绝在一堵高墙之后，活在一种模式而非现实之中。他会按部就班地施展一套招式或套路，不会去感知对手和环境的实时变化，做出相应的反应。

除了剑拔弩张的氛围以外，格斗究竟是什么？对手试图阻挡并迎接你的每一次攻击，还想主动发起攻击来命中你，这些全都是他对你发出的信号的直接回应。他还会感觉到你的能量、你的反应速度、你看起来是否自信、你的动作是否娴熟、你是否注视着他、你有什么样的模式等等。他和你互动的同时，也在调整自己，调整他的策略、技术和方法。如果你击中了他，他就得评估你是如何找到他的空子，反之亦然。这是一种舞蹈，一种相互关系。

听起来耳熟吗？这是当然的。因为我们每天都在评估他人，感知彼此的能量，并做出相应的调整。你兴高采烈地出去和朋友吃午餐，但到达后，却发现对方郁郁寡欢。如果你有所觉察，就会控制一下自己的情绪。你可能会问问朋友出了什么事，也可能做点什么逗对方开心，但你是根据自己感知到的东西来做出反应的。哪怕是与陌生人互动，比如商店的收银员或邮递员，我们也能注意到对方是粗鲁还是友善，从而心生厌恶或报以微笑。我们时时刻刻都处于关系之中，而这些关系反映了我们的内心世界。

要想学习和成长，你需要关系。你需要有人和你切磋，才能提升自己的水平。就我们的目的而言，无论何时，最能帮你看清自己的人就是站在你面前的人。无论他们是否有所察觉，也无论你是否早已察觉，他们都能告诉你，你的痛处在哪儿，你该如何变得更好，怎样让自己的光芒更加耀眼。因为你无时无刻不在对环境做出反应，环境就是自身的倒影。你能对自己产生哪些认识？你能从何处发现自己无知的原因？你怎么才能由此变得更好？不过还请注意：你是想变得更好，但不是想变得比别人好！和对手的关系不是一场竞赛。

非竞争模式

这听起来可能有些不可思议，但李小龙不主张竞争。我之前提到过，他提倡实战，不愿去参加当时的那些竞赛。他后来认为，竞争往往并非个人成长或精神成长的正确模式——也不是提升武术实力的正确模式。参与竞争就得关注自身以外的事物，受其束缚。你是想战胜别人拿奖吗？还是对自身成长感兴趣？竞争把每个人每件事都分为输家和赢家，而不是合作者和共创者。竞争让我们背离本性，与他人彼此对立。

我们无法在竞争中充分发挥潜能，因为我们不会彻底地审视自己，最大限度地创造新体验，只会不惜一切代价地获胜。我们可能会花上数百个小时分析别人的表现，只为了战胜他，然而对自己却知之甚少。在这个模式下，我们了

解到的都是人有我无的东西，而不是那些造就了我们自身的
东西。

看看水，不会与周围环境竞争，而是共同创造、共同生
存。水无意与大地争锋，水只是如其所是。大地也是如此。
有时水淹没河岸，有时河岸改变水的流向。在中庸和空性
中，没有比较、没有评判，也就没有竞争。生活不是竞赛，
是共同创造。我常跟人说，如果（目前）竞争就是你的驱动
模式，你非要竞争不可，那就和自己竞争。鞭策自己，超越
自己，提升自己。输赢是竞争中固有的观念，但只要我们开
放而中立地对待每一段经历，充分把握每时每刻，就不会再
有计较输赢的余地。我们关注的只有眼前正在发生的事，以
及该如何应对。我们越早认识到在生活的大图景中没有输赢
之分，就能越早摆脱争夺意识，简单、积极地活着。

当然，很多事情总有输赢。可以说，一个人是否过得
"好"是有外在标准的。但只有你自己才能真正地知道，你
的生活对你来说算不算好。只有你才知道你的内心和灵魂是
否满足。只有你才知道多年来是什么样的恶魔占据着你的情
感空间。所以我建议在我们的一生油尽灯枯之前，少花一些
心思在相互较劲上，多花一些心思去学习经验、创造转机和
获得成长。输赢不过一时。溪水不会因为汇入了大海就跳起
胜利之舞而止步于此。它流动如故。

归根结底，你该关注的人是你自己。你有怎样的生活

经历？无论现状如何，你该怎么生活得更好？若你站在别人面前，满脑子想的都是如何胜过对方或者至少旗鼓相当，那么请记住，所有这些比较的念头反映的都是你自身的局限性。

　　我活着不是为了满足你的期望，你活着也不是为了满足我的期望……如果你做事总有很多条条框框，无论是身体还是其他方面的限制，都会蔓延到你的工作和生活中去。世上没有极限，只有瓶颈。你不能停滞不前，你必须超越它们。

六大弊病

　　如果想了解人们是如何竞争的，我父亲曾写过六大弊病，全都源于我们不惜一切代价争胜的欲望。这些弊病都根植于竞争，一旦与他人产生分歧，我们往往就会开始竞争。用这种方式与人交往，我们与他人是脱节的，也与真实的自我脱节，只为获得某种外在的认可。换言之，我们与他人之间没有联结，没有合作，没有共创，只有胜负。

　　六大弊病：

渴望获胜

我一定要赢。如果我没赢，我就是个失败者。如果我赢了，其他人统统都是失败者。

渴望诉诸高明的技巧

我要靠我的聪明才智，向你们展示我有多了不起。我只想让大家都能看到我有多聪明，别人的感受又有什么要紧？

渴望卖弄所学

看看我。我无所不知，什么事都能侃侃而谈。别人的话都不重要（尤其是那些蠢话）。

渴望震慑对手

我的力量不可小觑。当心了！哪怕用惊世骇俗的疯狂之举来引人注目，我也要让你们啧啧称奇，心服口服。

渴望扮演被动的角色

我这么好相处，谁会不喜欢我呢？我如此低调可人，愿意放下我所有重要的事，让你见识我的可爱之处。我为你牺牲一切，你怎能不喜欢我？

渴望摆脱自己身上的弊病

我不满意现在的自己。我会不断自我完善，拼命读书，拼命上课，好让你看到我虽然会做些下三烂的事，却一直想要成为一个好人。我知道我现在这样不好，而且你也清楚我对自己不满意，所以我其实不必真的变好，只要看起来在努力就够了。

所有这些陷阱，都来源于我们对外在结果的执着，使得自己与他人、情境脱节，只渴望操纵或威慑"对手"。即便怀着高尚的愿望想改掉弊病，也要把自己塑造成"受难者"，否认自己本身就有能力改变。

这六大弊病可以作为自我探索的途径，因为我们在面对他人或处于某些情境时都犯过这些毛病。你能认识到自己身上的这些问题吗？再往下深究一点，你能找到引发这些弊病的伤口源自何处，又该从何处开始治疗吗？有意识地觉知你的策略，自由地感受你的痛处。要知道这些弊病其实只是心灵和我执产生的妄念。

埋怨别人爱评判你？那你说的这些又是什么呢——评判。别人对你不友好，你就报以冷言冷语？那你的做法呢——也不友好。你说某人爱搬弄是非？你不也在说人闲话。你生气别人没有"好好"爱你——这样做本身也不是很有爱。对镜自照，看看自己如何任由弊病扩散，不去寻求治疗并最终痊愈。

这些弊病都是陷阱。它们会让你陷入孤立，阻碍你成长。它们会让你的成功永远来自外在，不受你掌控，因为你一直在追逐别人眼中的胜利和认可。最重要的是，它们会妨碍你真正做自己。执着于结果，就是在否定你致力于做自己的决心。

预测交手的结果乃是大忌，你不该事先就惦记着输赢。看清楚，没人要同你争斗，只有需要你去看破的一个幻象。

切磋的对手

关系是个自我揭露的过程。关系是一面探索自己的镜子——存在即关系。

在关系中认识自己，不是为了比较或评判（即竞争）。想想之前我们说过"无拣择的觉知"和"清空你的心"。没有对错，只有"实然"。我们不该在"变好"的过程中羞辱或打击自己，也不该羞辱或打击旁人来衬托自己。我们要做的只是观察、留意、好奇我们的反应所暴露出的东西，然后选择该如何前进。理论上虽然很简单，但过程并不容易。透过别人的眼睛审视自己，既能让人清醒，也会让人不舒服，特别是如果我们对现在的生活不满意。但一段关系也是一汪能够映照自己的清澈池水，只要我们敢于正视，就能敏锐地看清自己。

我的好友托尼·勒罗伊（Tony Leroy）直觉敏锐，是我的参谋。如果你称赞他，他会回答说："我只是你的倒影。"相当巧妙。更重要的是，也是实话。毕竟交往就是双方的一种能量交换。而我们可以选择有意识还是无意识地进行这种交换。关系是了解自己、关注自己的最佳场所。不仅仅是与搭档、配偶和密友的关系（虽然他们是我们主要的切磋对手），还包括我们接触过的每一个人。我们通过选择如何行动，如何依照内心对外界做出反应，创造了我们的现实。

那么，好的切磋对手是怎样的呢？一般说来，格斗家在准备比赛时，会和一个有挑战性的对手练习，这个人可能与他不分伯仲，乃至还略胜一筹。如果格斗家可以很轻易地制服对手，将其摞倒，他就看不到自己还有哪些不足。没有挑战，就无法更上一层楼。

虽然我们会选择不同的切磋对手来协助完成特定的目标，但实际上可以切磋的对手无处不在。实际上我们并不了解自己性格的全部方面，所以在人生旅途中可能根本意识不到谁能够为我们提供有用的信息。但如果我们有兴趣去关注

自己的人际互动，对交流的过程和对象抱着好奇，就可以顺
藤摸瓜发现自己隐藏的另一面。每一场相遇都是一个了解自
己内心世界的机会。

　　每次伸出手指责别人时都该把手指转向自己，因为我们
面对的人其实就是自己。最近，一个我一直视作朋友的人
做了非常对不起我的事，为此我大发雷霆——抱怨、发火、
指责对方无能且无情。但当我把手指转向自己后，我看到的
是我在评判别人、自以为是。真正困扰我的不是难以原谅他
的无心（乃至有心）之失，而是难以面对自己。我不能原谅
自己竟被这点事困住了。所以，每当我为此生气或者心烦意
乱时，我都会对自己说："原谅他，就是原谅我自己。"我
不再评判他的行为，也就不再评判自己的反应。我想证明他
做错了，只是为了证明自己没问题。但如果你需要以此来证
明自己没问题，那么你真的没有问题吗？

指责的把戏

　　我发现面对挑战时，最重要的只有一件事：你对此
做何反应？它对你有何影响？你若胸有成竹，就可以将
挑战看得很轻——就像今日大雨滂沱，但明天，太阳还
会照常升起。

　　审视我们的生活和我们与他人的关系固然很有价值，但要谨慎对待我们自以为发现的或看到的东西。如果你在讲话时发现有人脸上闪过不耐烦的表情，如果有人无端冲你发火，如果有人说要给你打电话结果又没打，如果有人不声不响地突然消失……接下来会怎样我们都很清楚。为了收集证据来支撑你的价值观，各种故事和解释会立马浮现在你的脑海中："她反正看谁都不顺眼""他就是个长不大的孩子！"我们无法清空自己的心，持守中道，迫不及待地对别人的行为做出解释，好让自己成为故事中的英雄或受害者。我们把各式各样的动机和责任都归咎于他人，为自己找各种各样的理由。

　　伴侣今晚不想和你交欢？那肯定是对方压根不喜欢这档子事。问题绝不在你，不在于你如何对待对方。不在于你往这段关系中投入的感情太少。另一方面，昨天你给朋友发了三条短信，她却连个电话都没回你？那是因为她根本就不在乎你们的友谊，那行，就让她见鬼去吧！

　　我们一旦受到伤害，这些故事就会强烈而清晰地涌现出来。我们所有的辩白、分析和解释，都是为了维护我们的受害者身份或优越感。毕竟，挑别人的毛病，可比承认自己内心的创伤来得容易多了。我父亲认为这种行为的动机是：

　　　　我们大多数人都心甘情愿地把自己视为他人手中的

　　　　　　　　　　　　　　　　　　第四章 对 手 99

傀儡，从而逃避为自己那些动机不纯、心思不正的行为
负责。

　　那么，我们要如何才能停止编造故事和转移责任呢？如
何才能正确评估哪些责任在己，哪些责任在于别人？首先，
持守中道。清空你的杯子！不要编故事，看看事实究竟如
何？其次，保持开放，认识到你可能并不清楚事情的全貌。
最后记住两个词：感受和沟通。

　　如果你以永恒的学生自居，知道如何探索自我，那么这
个过程就比较容易，因为你对自己的故事、创伤、优点和缺
点已经有了一些了解。但如果你还没有发展到这一步，不妨
花点时间深入感受自己的内在。你感觉这是你造成的问题，
还是你在替别人承担问题？也可能两者皆有？你是怎么区分
的？尽量客观。不要评判，也不要计较对错。辨别。与之保
持一些距离，问问自己这个故事或模式的哪些地方似曾相
识。倾听你的内心独白。你是否在指责？在批判？是否把自
己描绘成故事里的英雄，把别人塑造成恶棍？

　　如果你仍旧不确定，那就把话说出来。正如和伴侣的那
个例子，问问对方：你觉得我们心意相通吗？你喜欢和我亲
密接触吗？问问朋友：你是不是遇到了什么事，无法联系
我？你还好吗？或者直接提出请求：如果你能回个信儿，让
我知道你收到了我的信息，稍后会与我联系，我会非常感

激。路易兹"四个约定"中的两个就是"勿要妄加揣测"和
"勿要对号入座"。也许你一直做一些伴侣不喜欢的事，自己
却并未意识到。也许你的朋友今天过得非常糟糕，不过跟你
毫无关系。如果不去充分地沟通交流，你又如何知道究竟是
怎么回事？

　　要是你觉得直接沟通、说出你的需求很别扭，请引起重
视，深究下去。最近我看到一个让我深有感触的网络议题，
说的是"害怕说出你的需求，其实是一种创伤反应"（出处不
明）。思考一下这句话。在生活中，哪些时候你觉得自己的
需求没被重视？你为何会有这种感觉？追溯过去，解开心结。

　　说到底，我们之所以受苦，是因为我们把获得幸福与平
静的责任推给了外界。我们以为自己的心情好坏，皆因其他
人或事使然。我们执着于外在的人、事、物，赋予他们或诱
人（我想要）或无趣（我不想要）的特征，给了他们掌控
我们内心世界的力量 —— 掌控我们的安全感、自信心和满
足感。

　　我父亲曾说过："大多数（人）质疑（和指责）他人是
出于不安，想靠争斗实现一些未知的目的。"所以花点时间
认识这种不安，进而弄清楚你心里的目的，找出你的创伤。
你是否拿自己的问题去责怪别人？你是愿意相信别人的反
应并无恶意，想要弄清究竟发生了什么，还是只想攻击别
人、冷眼旁观？观察并研究从关系这面镜子中映射出的你的

课题。我们需要知道的一切都在那里，只要我们勇于上阵切磋。

自己擦屁股

承认关系这面镜子中映照出的人始终是你自己，停止推卸责任的把戏，也就意味着对自己负责。你需要诚实地面对自己的模样——你容许什么、接受什么、传播什么。

以前，我有过一段分分合合的感情，持续了好些年，我总是觉得备受轻视，颇为不满，但还是不断回去找他。他会告诉我他有多爱我，许下各种各样的承诺，描绘我们今后要做的事、要走的路、要去的地方。那些话美妙非凡。因此，当他言行不一时，我很想不通。如果这些都不是真的，他又何必说想和我一起去实现呢？既然他说他爱我，那他一定只是不知道该如何爱我而已！所以我需要给他做个示范，无私地去爱、去付出……对吧？然后他就知道该怎么做了。

我一直认为，如果我能向他展示我想要的那种关心（而不必直接开口要求），让他照着我的样子去关心我，就能证明我在他心中的价值。我觉得如果我不必开口要求，也能让这个男人用我期待的方式关心我，就足以证明我是特别的。我并未支持、认可我自己，反而去寻求别人的认可。听起来耳熟吗？

　　后来发生的事大概你也可以料到：尽管他嘴上说得天花乱坠，可依旧不怎么关心我，不怎么维护我，于是我便一次次地提出分手。在一次相当恶劣的搪塞和哄骗后，我终于彻底结束了这段感情，责怪他轻视我，对我不屑一顾。这让我觉得我代表正义的一方，受伤的一方。但究竟是谁在轻视和指责？是谁把关心与否这件事搞得如此煞有介事？为了真正痊愈并摆脱这种模式，我必须为自己纵容而导致的后果负责，为我没有维护自己负责。事实证明，我才是那个轻视自己的人。我没有关心过自己。他不过是我自身的投射。我并不是说他完全没错，只是我的责任不能免除。

　　之后，我做了一些深刻的自我剖析。在经历了那么多次的愤怒和失望后（一切虽然情有可原，但无益于我的治疗与成长），我不得不深入审视自己，承认我辜负了自己，承认这段感情其实源自我个人的创伤问题。得出这样的认识非常艰难，但它带来了更深层次的自爱、自我价值和感恩之心，让我终于吸取教训，不会在另一段感情里重蹈覆辙。自从我负起责任，治愈了自己的这些心理问题后，我开始体会到前所未有的平静和满足。我从未感觉到自己如此完整。

　　如果我继续上演那套指责别人的把戏，对自己的问题视而不见，便无法走到这一步。欲加之罪，何患无辞——很长一段时间我都是这样做的。事实上，在此之前，我的所有感情都在重复这种模式。虽然一次次摆脱了失败的感情，但并未从中吸取教训，因为我不肯直视镜子中真正的罪魁祸首——我自己。我没有对自己负责。当我又一次在同一个地方跌倒后，终于是时候问问自己为什么会这样了，是时候深入审视自己的恐惧和创伤，最终接纳自己、原谅自己，并提升自己了。

我们经常会因为自己的错误和缺点而陷入自我批评之中。但这样做并不能治愈自我，带来内心的平静。错误、失败或残酷的现实都不是问题。事实上，有时我们正需要通过这些问题去触及真正的自己。一如这次的经历给我的体悟，是时候好好审视一下过去那个自以为是、充满我执的自己，走进自己的内心和灵魂一窥究竟。是时候以更敏锐的方式去感知自我与他人的关系，从而更好地了解我与自己的关系。

被人打倒在地并不可耻，只要你此时此刻还能反躬自问："我为何被打倒了？"若能如此自省，你还大有可为。

真正的沟通，真正的关系

创立截拳道时，我父亲仍在坚持练习咏春基本训练之一——黐手，也叫"黏手"。在这项针对敏感性的训练中，两位练习者前臂相抵，展开攻防。他们非常灵敏地适应着压力和动力的变化，以便感觉出何时有进攻之机，何时需要快、稳、准地反击对手的动作。训练通常会蒙眼进行，所以必须不断磨炼对于对手及其动作的直接感觉。这项训练据说可以培养出快如闪电的反应和读懂对手心思的能力。

练习黐手时，练习者移动左右手臂做往复运动，始终保持前臂紧张。双方来回交换能量，持续感知对方的动作，然后巧妙地迅速给予回应。这是一种真正彼此相连的关系，双方都在充分沟通、接触、敏锐地感知对方，双方都在推动对方前进。这项训练非常讲究集中注意力，置身于当下，时刻寻找出手的空当。

那么，遇到棘手的人或事时，我们应该怎么做呢？可以

李小龙与师傅叶问（左图）和弟子李恺（右图）练习黐手

想办法绕开，或者彻底回避吗？也许吧。只要那些人或事对我们来说并不重要，倒也无妨。但如果这涉及我们最亲密的关系，击中了我们最隐秘的创伤呢？要是对手和我们关系密切，非常能触动我们的感情，无法就这样一走了之呢？正如我父亲提到的那样：

> 与其以力制力，不如顺着对方的能量流动，趁机反制，再借力打力。这就是顺应的法则。

在武术中，这个"法则"类似于利用别人攻击的动作，为自己制造一个出手的空当。就像在练习黐手时，要与对手的能量相调和，感知反应的时机。在面临个人挑战时，你可以借用某人或某种情境施予你的能量，转化成适当的反应。之所以说是"适当的反应"，是因为生活不像格斗，我们这么做不是为了寻找攻击对方的空当。我们寻找的空当是要依据这位切磋对手的独特意义，以恰当的意图真诚地做出回应。最后，希望我们也能保持开放的姿态，从切磋的对手、我们自身和当时的情境中学到一些重要的东西。

就拿我交往的那个人来说吧，他嘴上说得天花乱坠，但却没有把我们的感情当回事。起初，我用武力相抗——发火。我想让他关注我，先是想要他留意一些细枝末节的事，接着再将我的伤痛怪罪于他。但这样做只会让他更想逃跑、更抗拒，谁乐意和一个斤斤计较、动不动就生气的人谈恋爱呢？我是在火力全开地猛轰他竖起的高墙（以力制力）。不过最终我找到了正确的方法，借他给予我的能量，顺势接受了这种状况（以力化力），抽身而去。于是，水绕过了障碍，往深处流去。这无疑是更好的做法，因为它保住了我的尊严和精力，增强了我的自我意识，带领我走出绝境。我开始自我关注，不再假手他人。我用他给予这段感情的能量——退出的能量——终结了我们的关系。

唯有看清关系这面镜子反映出的问题，才可能做到这一步。也唯有诚实而深入地审视我为这段关系带去的一切，才可能对自己产生新的认识。我的改变和治愈不是靠逃避得来的，而是直接去面对、去利用我所处的情境，在此过程中认识自己。

我很喜欢下面这段话，因为它揭示了我们经历的事情在很大程度上都是我们自身的反映。我们时时刻刻都在面对这个世界，如果我们知道该如何看待它，懂得倾听自己内心的独白，留意我们对每件事的反应，就会发现我们面对的其实是自己心中的爱、痛、疗愈、好恶、信念等等。我们会发现，我们面对的就是自己。

世界与我处于互动之中。我眼观世界，世界存在于我眼中。如无可看、可思、可想之物，我也就无从去看、去思、去想。如果我不能思考客观对象、客观环境，我对自己也将一无所知。除非思之"有物"，否则我就无从思考——由此便发现自我。

无 我

活着就是一个不断建立关系的过程，所以要从孤立和下结论的桎梏中走出来，直接与当下相连。切勿固守非此即彼的成见。从现在起，开始学着凡事自行求索。只有放弃关于"我"的割裂的错误观念——以为存在一个独立于众生之外的自我——才能领悟所有生命实为一体的真谛。

在这一章中，我们一直用"对手"这个词形容与我们发生关联的人和事物，但它其实指的是我们和我们所认为的外界之间的一种共生关系。接着我们会发现"外界"实际上也是我，因为世界和我始终紧密相连——所以无所谓"外界"。就像阴阳之理一样，绝对的对立并不存在，存在的只是互补。"只要抓住核心，相对的两面就会合一，就像是从圆心看一个运动的圆。"我父亲又换了一个角度——"随着变化而变化，是唯一不变的状态。"也就是说，当我们展现出真实的自我且顺应世界时，变化就成了一种顺势，而非对抗。

审视我们的"对手"，不要害怕在他人面前暴露真实的自己。只有当我们能够坦然面对自己的脆弱和真面目时，才会开始允许别人在我们面前坦露真实的自我。努力理解自己，就会越来越能把握自己的核心，将对立的观点视作一种补充，而非谴责。记住，对立让我们分裂，制造出虚假的距离。事实上，距离并不存在——万物皆有联系，就像起伏的波浪。

还记得我父亲乘小舟出海与水结缘的故事吗？一只飞鸟在水面上投下倒影，那一刻他意识到面对对手，要感知自己的感受，思考自己的想法，然后让这些东西像倒影一样转瞬即逝，不生挂碍。他说："面对对手时，我的思想和情绪难道不应该像这鸟轻轻掠过水面时的倒影吗？……并不是要断绝情绪或感觉，而是要让感觉不黏着、不闭塞。"

这样不是很好吗？拥有自己的感受和想法，也允许别人拥有他的感受和想法；分享自己的感受和想法，不必自我辩解，也不必反驳他人。大家只是聚在一起，相互分享，然后各自散去，相安无事——兴许还能开拓彼此的眼界。如果一段关系有害无益，你随时可以毫发无损地离开，允许对方做他自己，只要和你保持安全距离就好。

所以，请花点时间和我一起思考一下，我们能否用以下这种方式维系人际关系：想象一轮明亮的满月，照在平静的池水上。一端是水，一端是月。它们交相辉映，使得对方更加光彩夺目。

水彰显了月的光辉，月彰显了水的清澈。

第五章

工　具

我不怕练过一万种腿法的人，
但我怕将一种腿法练过一万次的人。

你有何功夫？

这一章的内容更具有指导性。我们具体可以使用哪些工具来体现和整合我们学到的原则？我们如何将理念变成真正的技巧？答案很简单：不懈练习。我也很希望能告诉你，有一个一念就能变得像水一样的魔咒。但正如上面那句引言，我们需要将一种腿法练习一万次，让它成为你的第二天性。不过，首先，我们得搞清楚自己究竟有何功夫。

功夫的字面意思指的是凭借刻苦训练得来的技艺。原本的含义与武术并无关联，但要成为武术大家则必须经受大量艰苦训练，几百年来这个词已变得与中国武术密不可分。换言之，在任何事上都可以练就一身好功夫：数学功夫、育儿功夫、演讲功夫。所以生活功夫，或者是只属于你的一套功夫也是存在的，只需多加练习。那么，你有何功夫，或者说你希望有什么功夫？

如果你对培养自身潜能、实现自我和保持流动感兴趣，那就证明你多少相信并感觉到了自己体内的精神能量（你的生命力）和它所蕴含的可能性。要是没有这种动力，你恐怕也不会看这本书了。在你的内心深处对生活有着更多追求。不管有多害怕、多迟疑，你在心中都梦想着活得充满生机、充满快乐，对他人产生积极的影响。

无论你有何功夫，本章都将提供一系列工具和练习方法，让你走出死胡同，照亮你前进的道路。它们能系统地帮你学以致用，从而磨炼出一个生机勃勃、专心致志的自己。正如你所知道的那样，这样的你一直就隐藏在表象之下。一如李小龙向我们展示的那样，成长的第一步就是行动。

不能停下，不会停下

1968年3月27日。我父亲练习右手挥拳500次，左手250次，接着做了一系列腹部训练——7组抬腿、仰卧起坐和体侧屈。之后他又补了一套拳击训练 —— 右手挥拳500次，左手250次。骑行2英里[①]（7分钟），然后再次完成了一套右手的500次挥拳。晚上7：30，他又和黄锦铭（Ted）、赫伯（Herb）及一位叫戴夫（Dave）的人一起训练。昨天他也是如此 —— 还和我母亲一起跑了1英里。我怎么知道的？都在他的日常安排中写着呢。

李小龙会记录他的训练过程，设定目标，为自身成长 —— 无论是身体、心理还是精神上的成长 —— 准备好备忘、练习方法和工具。要是没有专门的工具，他就会自创（或者请别人帮忙）。要是不确定什么方法有效，他会自己实验并追踪实验结果，直到找出最佳方案。他是个创造者，也是个发明家，既注重艺术又注重科学 —— 俨然是文艺复兴时期的人。

当我父亲首次在他的武术训练中加入交叉训练时，他选择了举重。他的好友周裕明（Allen Joe）是一位职业健美运动员。他专程去找周裕明，请对方介绍一些练习给他。接着他开始贯彻这些训练，也取得了成果。但他发现，虽然这些训练让他越来越强壮，肌肉如健美运动员般逐渐隆起，但却拖累了他的武艺。不过，他并未彻底放弃举重，相反，他进行了调整。他看到了举重的好处，感到需要将其融入自己的武术训练，为自己的最终目标量身定制训练方案。于是，

---

① 约合3.2千米。

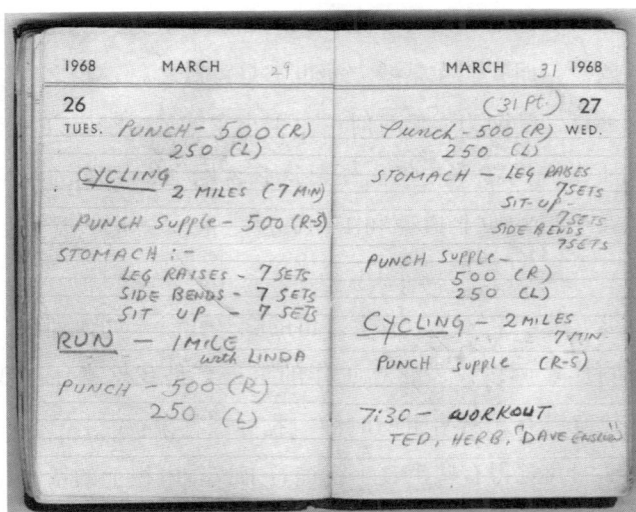

李小龙记录下自己的日常训练

他开始增加练习的频率，同时减轻举重的重量，接着立刻进行等长训练（尽快避免增肌），直至达到他理想的训练效果——打造一副强壮、苗条又反应迅速的身躯。

不过，有件事我们得知道，李小龙并不是生来就不同凡响。不错，他身体的协调性确实很好，而且做事动力十足。但他也严重近视，身高平平（大约一米七），幼时体弱多病。他的一条腿比另一条略短一些，曾因视力和其他未达标的身体缺陷被军队拒之门外。年少时，他脾气暴躁，被学校开除过，差点去混帮派、蹲大狱，没准还会更糟。

李小龙之所以不同凡响，是因为他会为追求不同凡响而不懈努力。他的确是可造之材，但如果不努力，也无法成为全球偶像。而我们在某些方面也都是可造之材。我之所以提到这一点，是因为人们有时认为李小龙就是天赋异禀，拥有别人所没有的特殊才华。硬要这么说的话，那他的特殊才华就在于他的职业道德和工作态度。朋友，这些是可以培养的！

我听过一个又一个故事，讲的全是我父亲如何训练、拉伸、写作、阅读、教学、工作的事，于是我忍不住问我母亲，他有没有无所事事的时候？我母亲答说："没有。"（这令自私的我觉得有些沮丧）就连看书或看电视上的拳击比赛时，他也在拉伸或做别的训练。他不愿坐电梯，宁肯走楼梯，如果不得不坐电梯，他会边等边做俯卧撑。不错——这就是我爸！

你可以说他很有动力、充满激情、一心一意，也可以说他对自己的寿数长短隐约有感，知道自己时间有限。无论如何，他感觉到了自己心里有一团火，更重要的是，还予以积极的关注。他不仅注意到了这团火，更想出了实际办法煽烈火焰，助其燎原。他不会因为缺乏想象力或不肯努力而放弃实现自己的潜能和梦想。"光知道是不够的，"他说，"还必须运用。光希望是不够的，还必须去做。"

因此，如果说李小龙生来就是超人，那也是他超人般的动力超越了普罗大众。你或许认为动力无法培养，但事实并非如此。一定是可以的。只是需要努力，需要不懈练习。如前所述，本章旨在介绍一些李小龙用来训练自己的工具，包括身心两方面的训练。透过这些工具，你能看到他走过的历程，自己去发现他采取的这些系统性的方法是否有助于培养你和你的动力。

下面这份清单并非毫无遗漏，而且本章探讨的工具主要讲究实用，那些宏大的存在性命题容后再议。你真正需要知道的一点是：如果你无意转变，不曾下定决心寻找自己的路，这些工具便了无用处。所以，采纳也好，不采纳也罢，路是你自己的。

工具一——锁定目标

1969年，我父亲写了一段文字，题为《我坚定的目标》。这是他手写的一张便签，文曰：

> 我，李小龙，要成为全美收入最高的东方巨星。作为回报，我会以演员的身份献上最精彩的表演，呈现一流的品质。从1970年开始，我将享誉世界，直至1980年底，坐拥千万资产。我要按我喜欢的方式生活，实现内心的和谐幸福。

　　这段文字下面有他的落款，日期是 1969 年 1 月。这是他正式设下的目标。当然，他尚未挣到千万资产便去世了，而他真正享誉世界也是 1973 年的事了，不过从那时起他便开始朝着这个目标努力，并在 1970 年取得了很大的成果，于香港拍摄了他的第一部电影。总而言之，我认为他那几年干

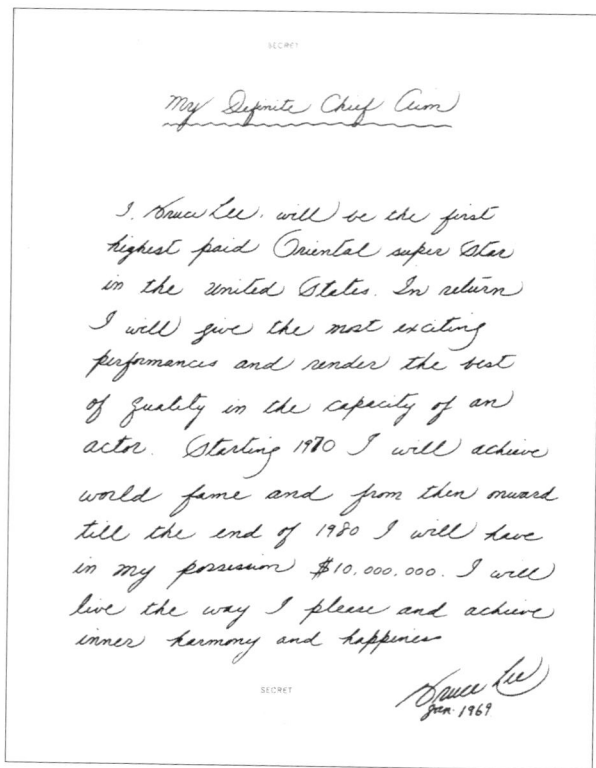

李小龙手书的便签

得相当出色。

你有远大的目标和梦想吗？没有也没关系。不是非有不可。我也没有。真的。硬要有一个的话，我也只会设定得很模糊空泛，比如"让世界变得更美好"之类的。我有很多具体的小目标，没准有朝一日会凝聚成一个坚定的远大目标。但要是你真的拥有一个远大的目标或梦想，请把它清楚地写下来，激活它。

我所说的激活是什么意思呢？在《秘密》(*The Secret*)这类讲解"吸引力法则"的书中，你会反复读到你得对自己的目标有信心，仿佛一切正在实现一样。但这可能并非易事，有些务实的人或许并不相信这套逻辑，吸引力法则对他们似乎也不起作用。但相反，我建议你每次想起自己的目标，都让它重新鼓舞你一次，从而再次激活它。你的目标应该要能振奋你，让你心跳加速，恣意畅想。所以每次想到它，都要重新投入你对它的那份热情。为梦想而欣喜，然后利用那种熊熊燃烧的感觉，在实现目标的道路上持续地自我激励。换句话说，要活在实现终极目标的可能性和感觉里。

这种远大的目标，应该要非常清晰。如果目标模糊，就很难为之努力，也就难以实现。不要拘泥于"如何"实现，也就是不要拘泥于实现目标的具体步骤，事情的发展可能不会如你所想。它随时可能发生变化——所以，与其一板一眼地纠结于"如何"，不如注重终极目标的清晰与强烈，接纳途中可能出现的一些意料之外的波折。虽然你的目标也许会有所改变，但应该始终清晰而强烈。

我父亲早在写下他坚定的目标之前，就已经对自己想要实现的目标有明确的认识了。1962年，他21岁，给香港的一位亲友曹敏儿（Pearl Tso）写过一封意味深长的信。在美国待了几年后，我父亲注意到日本的空手道、柔道等技艺在美国相当流行，但中国功夫却鲜为人知。我父亲意识到这是一个弘扬他所热爱的艺术和文化的大好机会，在给曹敏儿的信中，他描绘了当一名功夫教练的人生轨迹。

我的目标是在此创立第一所功夫武馆，然后逐渐将其推广至全美（我打算用10到15年时间实现自己的全部计划）。我这么做不单只是为了赚钱，还涉及许多其他因由，例如：我希望让全世界了解中国武术的博大精深；我喜欢教授功夫、帮助他人；我想令家人生活富足；我渴望有所建树；而最后也是最重要的一点——功夫就是我的一部分。

……现在，我已然能设想出这些想法的前景，预见今后的自己。我有梦想（请记住，脚踏实地的梦想家从不放弃）。眼下我兴许一无所有，仅蜗居于一间狭小的地下室内，但梦想一旦扬帆起航，我便能在脑海中看见一幅美丽的图景：一幢五六层高的功夫武馆拔地而起，

旗下分馆散布全美。我不会轻易气馁，已预见自己定能
披荆斩棘、不畏挫折，最终实现"不可能"的目标。

我们不妨停下来欣赏一下他的透彻清晰。他说了他想做
什么，为什么想做，他说了这件事如何引起了他灵魂的共
鸣，并反过来滋养他的灵魂。他为他的目标设定了明确的时
限，也承认前路艰难。非常漂亮、清楚。

目标清晰很重要，不仅因为这有助于我们果决地推进行
动计划，更因为在遇到障碍时（一定会遇到的），你需要靠
这种发自灵魂的强烈与清晰的目标，避免自己迷失在困境
中，避免自己受周围人的影响而偏离轨道，他们虽是好心，
但与你看法不一。清晰的目标能让你持续锁定。

如果你真的尝试过了解自己，那么这种深度了解将有助
于你坚守自己的根基，（用我父亲的话说）"从你的根本出
发"。培养出清晰的核心，能使你产生安全感、自信心与坚
定感——尤其是当事情进展不顺，需要下决心做出改变或
进入下一个阶段时。知道自己是谁、想要什么、喜欢什么会
给予你忠实的帮助。接着，清晰的目标和明确的梦想会为你
勾勒出前行的轨迹，使你不会轻言放弃。

目标清晰有时会事半功倍。如果你的心对这个梦想毫无
感觉、毫无想象，那么它可能并非你的梦想，而是别人的梦
想。你的梦想应该能够激励你、吸引你，它应该值得你将为

之付出的所有努力和抗争，因为它是你的梦想。

工具二——采取行动

　　在我父亲办公室的墙上一直挂着一张海报。后来他去世了，那张海报就挂到了我哥哥的卧室里，那时我哥哥才十几岁。现在这张海报就挂在我办公室的墙上，每每看到，我都忍不住微笑。这张20世纪70年代的海报看上去只有黑白两

色，画的是两只卡通秃鹫坐在一截枯枝上，俯瞰一片荒芜的沙漠。地上有一副牛骨架，方圆几里不见活物。海报中的一只秃鹫对另一只说："耐心个鬼！我要去狩猎了！"

这张海报太有我爸的风格了。虽然他相信耐心、温和与柔顺的力量（我们很快会说到这些），但他不是那种止步不前、浪费时间的人。他会尽其所能地朝着自己的方向前进，如有必要采取额外措施，他就会去做。要是行动毫无成效，他也不会一直硬着头皮，继续做些无用功。在他看来，如果你自己能够实现，又何必等那些可能永远也等不到的东西？而如果连试都不去试一下，你又如何知道自己不能实现？

李小龙的非凡之处正在于他是个真正的实干家。这并不代表他没有梦想。事实上，他梦想远大，为之拼尽全力。他有句口头禅是："做一个有行动力、实际的梦想家。"我们不必拘泥于"实际"一词，在这里它指的是你相信自己的梦想能够成真。对于李小龙来说，在20世纪70年代那个充满偏见的好莱坞里，成为一个真正有影响力的华人男主角，就是一个实际的梦想。

不去贯彻梦想和目标，我们就会停滞。然而，我们的大脑却不会停止思考，身体也不会停止感受，所以我们会充满自己什么也没做的想法和感受——使得行动陷入瘫痪。处于瘫痪状态时，我们就会开始收集大量证据，证明自己一无所能，没资格做梦，于是逐渐放弃梦想。但要是我们行动起来，哪怕是些微不足道的行动，比如写下自己的目标，迈出第一步，也是在为我们的目标积蓄能量。行动会产生更多行动。就连惯性定律也是这个道理。还记得牛顿吗？"静止的物体具有保持静止的惯性，运动的物体具有保持运动的惯性。"做个运动的物体吧。

一旦我们想要追求一个目标或开始一项练习，就必须全身心地投入到行动中去。如何做到这一点呢？我们可以采用工具一，首先明确自己想要什么，锁定目标。如果你还没有完全想清楚你憧憬的远大目标，可以先从小事做起。采取一些小行动（也就是小步骤），最终明确大局。你想干一番大事业，却连自己的房间都懒得打扫？那就先从打扫房间开始。还有什么障碍？逐一解决。不管那些事看起来多么傻、多么无关紧要，去处理你正在烦恼的事情。建立起信心，这样你才能打理好自己的事，解决自己的问题。有时，我只要按计划去一趟超市，就会觉得那天过得很成功了。

开始行动。练习，实验，尽情尝试——只要态度端正。态度决定一切。我父亲曾说："如果你认为一件事绝无可能，那就真的不可能。悲观会钝化你成功的工具。"糟糕的态度会拖累你，妨碍你取得成功。

你可以根据实验和反馈的结果，及时改变行动路线。毕竟，始终活在当下才能让我们立刻觉知前进的方向有误。但如果我们并未活在当下，并未保持觉知，还态度消极，就会继续迷茫散漫下去。没有明确的行动，离开了当下，我们就无法从决定采取的行动中收获应有的力量与信心。

有时，最困难的行动就是迈出第一步。想做和去做是两码事。从沙发上爬起来是需要意志力的，有时行为瘫痪的惯性会非常强大，无论你多渴望拥有好身材，似乎都无法迫使自己走进健身房。我们之后会谈到意志力，现在让我们先来想一想妨碍我们行动的原因，也许就是我们对结果的执着以及对结果未达成的担心。与其因尝试而失败，似乎不去尝试还更轻松一些。如果你根本没试过，就不会有失败之耻，是吧？可惜，你还是要面对自己的心，那种被困住的感觉并不好受。因此，让我们来探讨一些能激励自我朝向心中目标行动的做法。正如我父亲所言："志存高远，虽败犹荣。"

在介绍第一个工具时，我们提到要持续挖掘远大目标所蕴含的能量，让它在你陷入困境时重新点燃你。事实证明，这样做很能激发我们的行动力。在第二章我们讲过要倒空你的杯子，持守中道。既然并无对错可分，也无评判可言，我们就没必要自我打击，因为也并无输赢可争。当你发现自己没有做到想做的事时，给自己鼓鼓劲，重新开始就好，过去的就让它过去吧。每时每刻都是重新开始的新时刻。记住，练习不会让我们变得完美，而是让我们变得更好。所以，不要执着于结果，坚持走下去就好。跌倒了，爬起来，从头再来。

"行动是培养自信的捷径。"我父亲如是说。做出一个微小的行动，让这个行动带给你信心，再让这份信心产生更多行动的能量——滔滔江水，源自融雪。

工具三——自我肯定

你也许听说过自我肯定——每天重复那些想让自己铭记在心的积极话语。我父亲也会进行自我肯定。他写过七种自我肯定，自成系统，帮助他在生活中培养理想的心智或情绪状态。他会把这些话写在记事本或便签簿里随身携带，每天不时拿出来翻阅。

以下是他的七种自我肯定：

记　忆

头脑活跃、记忆敏锐至关重要，我要努力使自己的头脑变得活跃，有意识地把所有值得回顾的想法清晰地刻在脑海里，并与我时常想起的相关事项联系起来。

潜意识

为重构潜意识对我的意志力的影响，我要认真勾勒一幅清晰而明确的蓝图交予潜意识，说明我人生的主要目标和为

实现主要目标而设下的所有次要目标。我将日复一日地回顾
这张蓝图，使之不断出现在我的潜意识里！

想象力

要实现我的愿望需要周全的计划和设想，我将每天使用
想象力来制订计划，从而促进想象力的发展。

情 绪

持续意识到我有积极的情绪与消极的情绪，我要养成习
惯，鼓励积极情绪的发展，以此帮助我将消极的情绪转化为
有益的行动。

理 性

认识到我积极的情绪和消极的情绪，如不引导至最终目
标，都可能变得危险。我要将自己所有的愿望、目的和目
标，统统交由理性把握，跟随理性的指引去实现它们。

良 知

情绪往往会因为过度热情而犯错，理性常常缺乏必不可
少的温情，使我的判断无法兼顾公正与仁慈。因此我要以良
知为向导，明辨是非。无论付出多大代价，我也绝不会对良
知的决断置若罔闻。

意志力

意志力是我头脑中的最高法庭，凌驾其余所有部分。每天需要行动的动力时，我就会锻炼自己的意志力。每天最少一次，我要养成将意志力付诸行动的习惯。

没错，李小龙，这个看似是世界上最自信的人，也需要针对性地改善自己的心理和情绪状态。或许这就是他如此自信的原因？他锻炼的不仅是自己的身体，还有意志、情绪及头脑的方方面面。他毫不怀疑自我暗示和积极框架的力量。他相信乐观是种信仰，需要有意识地练习和培养。

人们有时会怀疑自我肯定是否有用，感觉有些虚伪不实，好像在自欺欺人。不管你多么希望对自己说的那些话是真的，可内心始终半信半疑。然而自我肯定起效的关键在于（我敢说大部分事情都是如此）你在做这件事时的态度。这些自我肯定眼下虽并未成真，但与其怀疑，不如换种表述方式：它们只是尚未成真罢了。

自我肯定是你在潜意识里播下的种子，当你一遍又一遍地重复那些肯定时，种子就会生根发芽，进入你的意识之中。毕竟，真正驱动你性格和行为的是你的潜意识，所以我们希望启发它产生一些新想法，引导你向更好的方向发展。

我曾在宾尼·尤奎德兹（Benny Urquidez）老师的指导下学习跆拳道，他绰号"喷气机"，是名全接触跆拳道格斗家。他在职业生涯中从未有过败绩，先后六次在不同重量级的比赛中获得世界冠军（这仅是他诸多人生成就之一）。训练时，他会让我练习踢腿或其他动作，我照做了，但做不好，于是我说："我做不到。"他一动不动，用那双锐利的眼睛看着我说："是还没！你是还没做到。"每次我有所抱怨、说些丧气话，他都不厌其烦地这么说。这就是坚定、积极的肯定。只要坚持练习，总有一天你能做到。

另一种获得自我肯定之力的方法是，用正在完成的表述方式把它们写下来，这样会显得更实际，更符合你的现状。所以不要写"我很强壮很健康"，而要写成"我每天都在努力变得健康强壮"。这样一来，你既能肯定自己的追求，也能真切地感觉到你和它之间的联系。

好好试一试，看看这招对你有没有用。坚持一个月，然后注意那些自我肯定的想法，是否开始不由自主地频频出现在你脑海里。注意你的自我肯定是否纠正了你想改正的行为，改善了你每天的感受或对生活的看法。你是否发现自己的心情变好了？爱笑了？精力充沛了？仔细留意。这些微小的转变都表明自我肯定起效了。

如果有的自我肯定没什么效果，或者随着时间的推移你渐渐不那么想了，那就放弃好了，换一个新的想法。如果你尝试之后，觉得这个工具不适合你，那就算了。也许时过境迁，日后你还会回来，那时再看看能否与它产生共鸣。

我经常在生活里做些尝试，试过就放下，只等日后我准备好接纳它时再返回去。比如，我以前一直很讨厌跑步，简直嗤之以鼻。直到30岁后，又试了一次，突然发现跑步能让我沉浸在一种非常适合冥想的节奏中，自此成了我最爱的运动之一。虽然我跑得还不如有些人走得快，但那又怎样？跑步已经成了我的一种工具，非常有用。所以，即便现在还无法用上自我肯定，也不妨把它放在你的工具袋里，也许有一天就能派上用场。

工具四——象征手法

1999年，在我哥哥去世6年后，有一天我从家里出来，看到车门前的人行道上躺着一只巨大的红蜻蜓。尸骨完好无损，仿佛它到那儿以后，就那样平静地去世了。那阵子我曾频繁造访一个女巫医萨拉·尤奎德兹（Sara Urquidez，之前提到的那位"喷气机"跆拳道老师宾尼的妻子）。她告诉我，在世界上许多文化中，蜻蜓都象征着改变与重生——而我看到的那只蜻蜓已经死了。自从哥哥在《乌鸦》（*The Crow*）的拍摄片场去世后，这些年我一直沉浸在悲伤中，而这只蜻蜓无疑是从阴间传来的消息，告诉我是时候放下过去继续生活了。不管你相信与否，它的确在合适的人生节点向我传达了合适的消息，给了我一份可以永存于心的情感，因为它预言的东西后来都在我的生活中一一应验了。

大约 10 年后，我决定将生命中出现的一些重要象征以文身的方式文在身上，红蜻蜓就是其中之一。这些汇聚在我身上的图案，是我体认生命中最重要的爱与理解的一种方式。我第一次、也是唯一一次文身时，已年近 40 —— 我并不是建议你也去文身（不是每个人都需要文身），但对我来说，这种象征能让我回归本心，回归那些塑造我、治愈我的重要经历。

我父亲没有文身，但也相信象征之物，他会在人生的重要时刻为自己的旅程设下路标。他会借用图腾 —— 某些代表他人生历程的视觉图像或标志。还记得他设计的那个微型墓碑吗？他提醒自己昨日的李小龙已经死去，要以流动而富有表现力的方式重生："深切缅怀一位被经典糟粕充斥和扭曲了的、不再流动之人。"在人生的关键节点，我父亲还创造了其他标志，以具象的方式纪念自己的成长和观念的转变。他设计了一系列代表他成长之路的纪念牌，他称之为修炼阶段，稍后我们会深入讲解。他为截拳道设计了标志，并把它制作成了金吊坠，每天佩戴，还设计了相关纪念牌、信纸、卡片、证书，等等。他将那句鼓舞人心的"走下去！"写在卡片上，做成立牌，鼓励自己继续前进。

有时我们很容易灵光一闪，但转身就忘了要把它融入生活。灵光乍现的那一刻棒极了！感觉非常奇妙，你可能时常回味，但并不意味着你会去贯彻，积极地落实它们。而为你的灵感创造一个看得见、摸得着的象征标志，在某种程度上犹如做出了一个协定或声明，提醒自己每次看到这个标志都要想起自己的新想法。就像用佩戴婚戒来象征对伴侣的承诺一样，这么做也是为了提醒自己你对这些新道路的承诺。你是在为生活中那些积极的鼓励和回忆立下丰碑，让自己可以一次次地回到这里，始终对决心追求的事物充满激情。

　　如果你对做一个标志不感兴趣，可以考虑先暂时想点其他办法提醒自己，不必一定要煞有介事地在院子里立一个碑，做一个永久性文身或是设计纯金首饰。几年前有一阵子，我会在家里的一些显眼位置——浴室的镜子上、厨房、床边——贴上很多张便利贴，上面只写着一个词"存在"。意在提醒我自己尽可能地活在当下，不要活在自己的脑子里。对我来说，这就像一个小小的重置按钮，将我拉回此时此地，让我迅速体会到一种平静而清醒的感觉（只要家里还没着火）。

　　你还可以考虑创造一个仪式。仪式是确认自己从一种存在状态进入另一种存在状态的有形方式。有多种多样的仪式——火祭、花祭、净化等——你还可以自己创造。举行仪式的目的是要引起共鸣，所以无论是自创也好，听从建议也罢，只要对自己有意义就行。我做过焚烧的仪式，烧掉了上一段感情里我想放下的心情，或是特意写下自己的不良行为模式，然后烧掉那张纸。无论你会产生怎样的共鸣和感受，这么做都能强化你想要的转变，行动起来吧！用你觉得最好的方式鼓励自己，或有趣，或美丽，或特别，这样你就能与今后的人生旅途产生积极而切实的联系。

工具五 —— 日记

我们在第三章中谈到过我父亲的一些文字。他笔耕不辍，而且形式多样。谢天谢地，他有这个习惯 —— 若非如此，我们不可能对他的人生历程有这般深刻而清晰的认识。我们不可能知道他看重什么，他经历过什么，他的灵魂是怎样的。

我在初中第一次开始写日记时，大多都是些闲言碎语。我喜欢谁，讨厌谁，做了什么蠢事，几乎未曾提到过我的渴望和梦想。我没有进行任何实验，基本只是在记录我的心情和烦恼。倒不是说这有什么不对，但要是你还记得人有放大所关注的问题这一倾向，或许就可以理解为什么我花了这么久才不再把自己视为一个怪胎。

我父亲的文章有一点很有意思，没有消极的长篇大论。并不是说他从不写他的烦恼，而是他写作的视角是这些事让他认识到自己怀揣着怎样的偏见——他透过烦恼进行写作。他的落脚点是希望自己或今后的生活是什么样子，而不是耿耿于怀这些事有多"离谱"。

例如，他在香港声名鹊起后，开始切实看到名气带来的负面影响——人们为了接近他，沾他的光，对他虚与委蛇；人们美化名人，丑化普通人。他在信中向朋友提到这些虚伪的做派，而这些见解也影响了他今后的行为。他从那些信得过的老友那儿获得安慰，并不信任满嘴承诺的人。他一直认为搬回香港只是暂时的，这些认识坚定了他想尽快返回洛杉矶的想法，在那儿他可以过更私密的生活。可惜，他匆匆去世，未及实现。

一本日记，乃至几张活页纸，都可以成为你发现自我的地方。我认为亲笔写下你的远大构想和计划是有力量的，但要是你更愿意在电脑上打字，那么我建议你在存档前，先为自己大声朗读一遍你所写的内容。这样就能在你与这些文字之间建立一种有意义的联结。不过无论你想怎么写，我都希望你能用写作的方式给予自己支持。利用写作规划那些积极的想法——你想要什么、重视什么、相信什么、渴望什么，以及正在学习、探索和梦想什么。了解什么对你来说才是最重要的事，打造你梦想的蓝图。向自己提问，并尽力回答。我曾记录梦境来寻找线索，我曾罗列并阐述过我的价值观，我曾在纸上思考过宇宙的本质。我父亲写过一篇题为《我的

历程》的文章，这篇文章他打过很多遍草稿，文中详细阐述
了他看重的事物，稍后我会深入讲讲这篇文章。如果你不知
道该从哪里下笔，书籍里和网络上都有帮助你入门的内容。

　　有时，清空一下大脑很有用。当你纠结于许多有害的想
法时，在纸上一吐为快大有裨益。大胆试试吧。但宣泄过
后，就该抛诸脑后。烧掉、撕掉，不要揪着不放，翻来覆去
地想。你可能觉得有必要把这些保存下来，以便日后看看自
己取得了多少进展。但要是你真的取得了长足的进步，你自
会知晓。你会感受到不同——更平静、更专注、更踏实。你
不需重温过去来鼓励现在的自己。放开过去，继续前进！

　　你可以积极地追踪自己的进步。你可以不带情绪地、客
观地记录是什么在考验你的耐心。在此重申一遍我父亲以前
说过的一句话："专注于你想要的东西，别想那些你不要的
东西。"追踪你的实验，记录你的发现。写一本田野日记、
梦想日记、洞察日记、创意日记、目标日记，不过不要保留
一堆于你无用的垃圾。过去的事就让它过去吧。

工具六——锻炼身体

　　李小龙是位武术家。习武就是他锻炼身体的特殊方式。
不管你认同与否，你也需要锻炼身体。不是为了当一个运动

员或者减重十斤，而是要接触你的身体，了解身体的感觉，让你灵魂的容器日益强健。毕竟，身、心、灵三位一体。

锻炼身体也是一种有目的地打破自身平衡的艺术，好让自己体会到一些不适，进而有所成长、有所超越。我父亲曾言："平衡，多多少少是种休憩。而行动则是一种打破平衡的艺术或方法，让自己不断前进、学习和成长。"

我们要理解平衡之道，不仅是精神上的平衡，还有身体上的平衡。我们要感受不平衡，然后重回平衡，这就是你每次运动时的体验。即便你所做的只是留意自己的身体如何在空间中移动，只是专注于如何才能更有力或更轻松地运动，甚至既有力又轻松，你也是在感觉你的身体，参与锻炼。

当然，锻炼还有很多别的好处：分泌内啡肽、增强力量、加强柔韧度、收获自信等等。虽然本书讲的是位武术家的故事，但并不强调武术锻炼。我们想探讨的是如何通过锻炼身体来帮助你更好地了解自己。你的身体有话要讲给你听。这是一个智能系统，由网络连接和信号交换组成。活动身体时，要用心感受，倾听它想对你说的话。即便只是去散个步，在电视机前做做拉伸，放点音乐跳个舞，或是做个身体扫描式冥想——逐一绷紧再放松身体各个部位，你都能获得一些启发。

活动身体的目的是为了让自己以一种安全的方式去感受。哪怕只是做些稍有强度的运动，你也可以感受到训练的不适，感受到有意制造的痛苦，并学着接纳。你可以用身体去突破一些内心的界线。你可以学会如何与自己合作，不再对抗。这是一种难能可贵的自我探索工具。

你的身体是何形态？有何需要？注意你身体的疼痛。它们想告诉你什么？了解你的身体及其感觉，这样一旦它出了什么问题，你就能立刻得知。这将增强并调节你的直觉，让你更好地了解自己。而倾听身体要说的话，还有利于保持健康。

就像我以武术为例解释哲学理念一样，锤炼身体与锤炼灵魂、伸展大腿与伸展潜能之间有着直接的联系。别忘了，我父亲说过他学到关于生活的一切，都是习武得来的。

不过，我确实想稍微花点篇幅推荐一下习武，哪怕只是浅尝辄止。凡为武术训练，诸如气功、中华武术、自卫术等，都能增强你内在的力量感和自信心。我就是如此。所以让身体动起来吧，看看会出现怎样的念头、办法、关系、障碍、情绪和启示。

本着与身体交流的原则，为自己构思一套锻炼方案。可以像李小龙那样健身，也可以像我一样做些温和的运动。我现在会跳舞、做拉伸、散步、跑步、打沙袋和徒步。无论你打算怎么做，都要问问你的身体它想要什么、需要什么。不要害怕，稍微强迫一下自己，培养你对不适的忍耐力。这其中蕴含的智慧与成长将超乎你的想象。

拥抱过程

在跨出舒适区、将梦想付诸行动的过程中，你会遭遇恐惧和自我怀疑。而采取行动实现目标之人与放弃梦想半途而废之人的区别在于，实干家能够怀揣着恐惧、自我怀疑和不适坚持下去。

这些工具并不是为了让你活得更轻松——起码一开始不是这样。渴望"轻松"往往令人安于现状。"轻松"让人变得无知、懒惰、习以为常和畏首畏尾，因为我们不希望生活得太过辛苦、祸福难测，因为我们害怕未知带来的不安，害怕内心阴暗面可能会冒出的负面感觉。

我们都知道李小龙说过："畏惧痛苦是发展的大敌——不愿经受一丁点磨难。"要想成长和改变，我们必须经受不适。肌肉如不受到损伤，就无以变得强壮（这就是肌肉酸痛的原因——经受细小的撕裂后肌肉才能重建）。刚开始去健身房的头几天总是最难挨的，之后才会变得平顺。但请不要把生活定义成不是"轻松"就是"艰难"，要看到它的活性，不断成长、不断改变。面对这种成长与改变，要心怀热忱而不是焦虑。记住，遇到困难，要挖掘梦想的能量激励自己坚持下去，并从挫折中吸取教训。

如前所述，人必须有技巧地经受挫折才能成长。若你从未受挫，就永远不会想办法应对挫折。而在"像水一样"的修行中，我们要有意、巧妙地制造挫折。自己选择经受挫折总比被挫折杀个措手不及要好得多。如果不先从1英里、3英里、5英里、10英里这样慢慢跑起来，你将永远无法拿下马拉松。这就是我们所追求的——有技巧的计划。若是从没跑过步，就不能一来就想一次性跑完26.2英里①。我们要制订一个训练计划，一步步地成长，这样遇上了问题也有重整旗鼓的余地。

我们不断锻炼自己，追求最好的成长，久而久之，这趟旅程本身就会变得很愉快，因为我们在这个过程中感受到了生命的活力。我们开始接受磨难带来的任何教训，不再只为结果而活。不错，我们在生活中是要处理些棘手的事情，做些艰难的选择，但学着热爱这个过程，看重前路上的种种可能性，能让我们放下怀疑、恐惧和担忧，转而看到自己的无限潜能。

我父亲是个有目标的人。目标至关重要。知道自己的目标是什么，才有努力的方向。目标塑造了我们前行的方向，为我们的自我训练搭建了框架。不过，最重要的是要记住目标并非一切。事实上，只想着实现目标，往往会错过整趟旅程——达成目标后也只会发现又要开始追逐下一个目标了。这种情况下，我们很难认可自己的进步，反而开始觉得似乎

———————————

① 约合42千米，即全程马拉松。

永远也无法抵达（无论你想抵达何处）。这好比吃着碗里的，望着锅里的——总是猴急地想吃锅里的食物，结果把碗里的这一口也错过了。

　　但只要我们活在当下，保持流动，目标依然非常有用。事实上，我父亲鼓励你设下目标，每天至少朝着目标迈出坚实的一步。他认为努力奋斗实现目标，会让你活得有意义、有质地。但他也告诫我们，目标不一定非实现不可。相反，目标只是给你一个追求，一个可以向往的未来。关键在于行动，而非结果。一个人的最大潜能不是他取得了多少成就，而是要始终积极地投身生活，在这个过程中永无止境地成长。

　　　　缺少方法，所有的目标都是幻想。世上没有抵达终点的方法，有的只是方法。而我就是方法。我就是我自己的起点，一切结束时，我所得到的也只是我自己。你可以采用一套系统的方法锻炼和修行，但永远别想靠一套方法来应对生活。生活是过程，不是目标；是方法，不是终点；是持续的运动，不是固定的模式。

　　我喜欢这句："我就是方法。"我就是过程。我是终有一天会结束的生命。我的人生就是现在，不是"有朝一日"，不是"如果当初"，不是"等到那时"。我就是自己的生活之道。我就是自己人生的开创者。我就是自己的生活工具。我的身心灵都尽在自己的掌控之下，朝着我想做的、想相信的、想拓展的方向发展。所以，请把生活当作你自己的生活来过。因为它原本就是你的。

从现在开始

我们谈到的种种工具——锁定目标、采取行动、自我肯定、象征手法、日记、锻炼身体和冥想（第二章）——只是我父亲培养自身潜力的一些具体方式。我相信，等你有了自信，开始真正了解自己和自己的潜能时，一定能探索出更多适合自己的方式。我父亲就是如此——如果世上没有合意的装备，他就自己造。

所以，开始行动吧。不必非要等到想通所有问题才能开始。有时，为了找到想要的答案，你必须先行动起来。你可能需要创造性地打造一个自己的工具，尝试一些自以为永远不会相信的东西，比如能量治疗、佛法修行或草药医术。还有一些人有着需要解开的心结，足以令人望而却步。是时候去行动、去学习、去创造、去践行自己说过的话了。别多说了，行动吧。

世上很多人会理智地谈论他们五花八门的构想。他们夸夸其谈，却从不落实，从未兑现。

记住，你就是方法。你的人生就是一个探索和成长的过程。我父亲相信：

投石入湖，水面就会激起层层涟漪，随后一圈圈地荡漾开去，直至溢满整个湖面。这正是我将我的想法付诸明确的行动方案后的情形。

相信你自己，相信这个过程，开始吧。

第六章

障　碍

相信我，欲做大事、成大业，总难免遇上一些大大小小的障碍。但重要的不是障碍本身，而是你的应对方式。除非你自认失败，否则根本不存在失败一说。但请万勿坐以待毙到如此地步！

一个不怎么顺利的早晨

1964年，我父亲在长滩国际空手道锦标赛上做武术示范。他向现场的学徒和志愿者讲解中国功夫，并展示了一些绝技。他的魅力引起了观众席上的杰伊·塞布林（Jay Sebring）的注意，他是好莱坞明星的造型师——他合作的一个制片人最近和他提到过，有部片子要找个亚裔演员。离开赛场时，杰伊已被那个叫李小龙的小伙子给迷住了，他致电威廉·多兹尔（William Dozier）引荐我父亲。

不久后，我父亲回到奥克兰，家里电话响了，是我母亲接的。电话那头的男人自称是好莱坞制片人，想找我父亲，我母亲还以为这是一出恶作剧。她跟父亲说起这事，父亲回了电话，受邀前往洛杉矶参加好莱坞的试镜。

他们的第一个孩子——我哥哥国豪出生没几天，我父亲就从奥克兰去了洛杉矶，参加饰演陈查理（Charlie Chan）长子的试镜。他赢得了满堂彩。尽管《陈查理长子》（Number One Son）这部剧的拍摄计划最终搁浅，制片人却非常中意李小龙，出钱挽留他，答应另找一部剧给他安排一个角色。很快，他得以出演《青蜂侠》（The Green Hornet）中的加藤（Kato）一角。

青蜂侠和加藤是一对打击犯罪的搭档，每周都要对付许多坏蛋。我父亲出演配角，但仍难掩锋芒，很快青蜂侠打击犯罪的身手和加藤一比已明显不够看了，至少在粉丝眼中就是如此。不幸的是（或许也是一件幸事），电视剧《蝙蝠侠》（Batman）与《青蜂侠》同时开播，而且更受追捧，于是《青蜂侠》只播了一季便取消了。

但我父亲的人生却就此改变。他看到在大众娱乐媒介上展现他的功夫，与他想要追求的人生目标是一致的：要让世界见识中国武术的伟大。他开始认为，如果能拍一部自己的电影，他就能在银幕上呈现真实的中国人和中国武术，还能借此帮助他人。他看到了在好莱坞发展事业的可能，如果成功了，还可以为家里带来可观的收入。他那宏伟蓝图上的许多愿望都有可能实现！

我想他一定能在脑海里清楚地看到这个调整后的新目标，就像他曾经清楚地设想过开办连锁武馆一样。而作为一个务实的梦想家，他并未草率地关掉武馆，把所有希望都寄托在好莱坞身上。他仍然在开办新的武馆，1967年洛杉矶的第三间武馆开业，他还在家教学或上门提供一对一的指导。与此同时，他也在寻找拍摄电影、电视剧的机会，并开始尝试自己创造一些拍摄机会。

1966年到1971年间，我父亲为在好莱坞发展，没日没夜地奋斗。《青蜂侠》停播后，他作为一个亚裔，很难成为主角（就连饰演一个有分量的配角都希望渺茫）。况且我父亲会拒绝扮演有损亚裔形象的角色，这使得他的机会更少了。他曾在一部电视剧中担任第二主演，但不被看好。尽管如此，他依旧尽可能地参与试镜，也得以在一些电影和电视剧中出演小角色。他在《无敌铁探长》（*Ironside*）、《新娘驾到》（*Here Comes the Bride*）和《马洛》（*Marlowe*）中客串来自亚洲的功夫小子，还担任武术指导。

编剧斯特林·西利芬特（Stirling Silliphant）也是李小龙的弟子，两人有时会合作打磨我父亲的一些创意。他的另一位弟子是华纳兄弟影业的负责人泰德·阿什利（Ted

Ashley），我父亲向泰德自荐过不少拍摄项目，以期获得支持。在此期间，他始终坚持训练和教学，还维持着西雅图、奥克兰和洛杉矶三间武馆的经营。换言之，凡是能做的事情他都在做。他努力工作，奋力拼搏。

直至20世纪70年代中期，我父亲的事业似乎终于开始步上正轨。他向华纳自荐电影《无声笛》（ *The Silent Flute* ），他们表示愿意考虑，而此前他刚把一部名为《战士》（ *The Warrior* ）的电视剧推荐给华纳。他满怀希望地认为自己确实在实现目标中，只不过需要很长时间，而成功与否还很难预料。所以，他始终兼顾训练、教学和好莱坞的事业，准备好随时利用任何机会。

一天早上，我父亲准备在家中后院开始例行的锻炼。在加利福尼亚州南部，一年中的大部分时间都很适合室外锻炼。他有自己的举重和训练器材，例如在后院屋檐下吊着的沙袋——他从不去什么高档健身房。

那天他有很多事情要做，而他早已具备一定的健身基础，所以他觉得不妨跳过热身，直接从早安式体前屈开始做起。这个动作需要将杠铃扛在肩膀上，稳稳抓住，同时身体前倾，保持背部挺直，尽量弯下腰去（可以的话，要做到脸部轻触膝盖）。接着扛着杠铃，以同样的方式把自己拉起来。要是你了解我父亲的话，他肩上的杠铃多半相当沉。这个动作很难（如无适当的经验和相当的训练基础，不要尝试）。

他扛着杠铃俯身下去，但当他抬起身来时，他听到一声弹响，感到后腰一阵剧痛。他立刻知道出事了。

日子一天天过去，他后腰的伤痛不断恶化，每次直起身子和走动时都会疼痛。他试着像运动员那样休养、治疗（冰敷、涂抹镇痛软膏等），但疼痛没有消退，他的活动能力严重受限。于是他找到了一位医生帮自己看看，医生告诉他，他的第四骶神经受损严重，命令他卧床静养。对于我父亲这种靠身体吃饭的好动分子来说，静养本身就是个噩耗，但坏消息还不止于此。医生告诉他，他可能得做好准备，再也无法练武了。事实上，就连走路可能都会相当辛苦。

这已不仅是一个坏消息——是毁灭性的打击。带着这种伤，他不但不可能在好莱坞工作，甚至都无法正常训练或教课了。发展……遇阻。

障碍无足轻重

被人打倒在地并不可耻。只要你此时此刻还能反躬自问："我为何被打倒了？"若能如此自省，你还大有可为。失败是种心态，若非自认失败，谁都未曾失败。于我而言，任何失败都是暂时的，它对我的惩罚只是鞭策我加倍努力地实现目标。失败无非是让我知道自己做错了什么，它是通往成功和真理之路。

障碍形形色色，有大有小，或轻或重。有些障碍只在一时——因为拖延，考试可能不及格；你的车抛锚了，可能要错过一个重要的会议。有些障碍则更长久、更严重——你可能有成瘾问题或身患抑郁症。还有一些障碍可能突然从天而降——遭遇车祸或家里的水管爆了。障碍注定会来，你不可能躲得掉。有些是你自己造成、自己选择的，有些只是被你撞上了。无论是哪种情况，都请尽量记住障碍无非是"发生了什么"。在这个意义上，障碍无好无坏，只是既成事实，而你对"发生了什么"的理解才是关键。

当然，起初我们难免会很震惊，有很多情绪，或气愤、麻木、沮丧。请允许自己这样，不过别陷得太深太久。很多人无法跨过障碍，就是因为他们陷于障碍带来的重创里，一蹶不振。碰到看似毁灭性的事件，最重要的是进入下一步：现在要怎么办？

日常生活中，我们的思维可以自然地从一个念头转移到另一个对象以及下一个对象上。但在一场生死决斗中，与对手面对面时，我们的思维却会失去这种流动性，变得黏着、停滞。这是人人都有的毛病。

这个例子中的对手就是一种障碍。遇到拦路虎时，我们不仅容易裹足不前，还容易失去希望。我父亲说："成败并不重要，重要的是它对一个人的心灵造成了何种影响。"它如何影响了你的心？你会让它打败你吗？还是学着借此机会接触一些新事物，一些意想不到的、甚至是更好的事情？

碰上障碍，首先要与之同在。与之共存，适应它，从中吸取教训。它要告诉你什么？要教你什么？你要做出怎样的改变才能跨越它？你需要学习什么新技能？你需要治愈什么旧创伤？你登上擂台，在脸上挨了好几拳后，是否学会了闪避和掩护，并最终学会如何反击？还是你只是站在那儿，一直挨打，直至倒下，再也爬不起来？

你可以选择如何应对生活中发生的事。你或许以为自己没有选择，但事实绝非如此。首先你要知道，我们的反应也是一种内在状态。你可能习惯做出某种反应，这种条件反射对你来说自然而然、不容置疑，但不管它多么根深蒂固，都只是一种选择而已。无论发生了什么，你都有权决定接下来怎么办。你可以掌控自己的反应，在这个意义上，你无所不能。

朋友，切记，重要的不是发生了什么，而是你如何应对。你的心态决定了这件事的意义，决定了这件事究竟是绊脚石还是垫脚石。

走下去

　　我父亲，一个有着远大计划和梦想的优秀武术家，却突然面临着彻底失去一切的风险。他有何反应？首先，他很苦恼。人之常情。但我母亲常说，受到巨大冲击之后，我父亲总会变得非常安静。他会花点时间回到自己的内心中，与问题相处。这次，他首先做的就是迈出眼下最自然的一步——休养身体，坚持看诊。然后，一旦有时间消化现状，他便开启了研究模式（见第三章！）。他找医生咨询，买来关于腰部伤痛的书，他循序渐进地测试自己的疼痛程度和活动范围。时至今日，我父亲的藏书中仍然有一大部分是关于腰痛治疗的书籍。

　　他到底是那个珍惜时间的李小龙，就算在"休养"，也不会躺在床上什么都不做。所以，除了阅读和研究外，他还在写作。有了充裕的时间后，他开始写下自己对武术的思考，以澄清一些想法供后人参考。他开始创作一部定名为《武道释义》（*Commentaries on the Martial Way*）的著作，是一部共计七卷的长篇，阐释了他对格斗和训练的思考。他还在创作——构思更多电影和电视剧的想法。他坚持在场外指导教学。弟子上门来，他便坐在椅子上口头指导。他继续前进——做他能做的事，好好利用时间。

　　在此期间，他也在阅读所谓的"自助书"——帮我们培养强大的精神和积极心态的那类书，比如米埃尔夫妇合著的《幸福始于早餐前》（*Happiness Begins Before Breakfast*）、艾里希·弗洛姆的《爱的艺术》（*The Art of Loving*）、海里·斯坦纳和让·格布塞尔合著的《焦虑：现代人的生存状态》（*Anxiety: A Condition of Modern Man*）、戈登·拜伦的《给自己一个机会：七步获得成功》（*Give Yourself a Chance: Seven Steps to Success*）、威廉·舒茨的《快乐：拓展人的意识》（*Joy: Expanding Human Awareness*）等，不胜枚举。就是在这段时间，我父亲这个非常善于创造标志物的有心人，抓起他的一张名片，用他那醒目而优美的书法在背面写下了那句话："走下去！"（还带着一个大大的感叹号）他为这张卡片做了一个木头支架，放在面前，在疗伤期间每天都能看见。每当情绪低落、倍感挫败时，他都会提醒自己：只要继续前进就好。只要继续做自己的事，一步一个脚印，一点一滴地积累——即便你也不知道最终将走向何方。

看到那句"走下去！"我不禁想起《海底总动员》（*Finding Nemo*）里的多莉（Dory），用她那歌唱般的声线说："继续游就好了。只管继续游。游啊，游啊。"不管需要多长时间才能情况好转（无论是心理、情绪，还是身体的好转），不出发就永远无法抵达。如果你让恐惧或不安绊住了脚步，再度陷入瘫痪，就绝对无法达成目标。即使你要用接下来的10年，一点一点地往前挪，一次1毫米——终有一日，回过头去也能看到长达数米的进步。但没有坚持，就不会有这一天。待在同一个地方，风景不会改变，但只要你继续前进，新的景象就会逐渐展露，新的潜力也将随之涌现。

　　　生活是个不断流动的过程，途中难免会冒出些令人神伤之事——或许会留下伤痕，但生活仍在继续。恰似流水，一旦止息，必生陈腐。朋友，请一往无前，因为每一段经历都是一种收获。保持冲劲，因为生活就是如此，美好有时，艰难有时。

别让工具变钝

　　现在你碰到了障碍，需要探索你的工具箱了。你知道必须使自己走下去——继续前进。但"知道"和"付诸实践"是两码事，首要的区别就是你的心态。

　　　如果你认为一件事绝无可能，那就真的不可能。悲观会钝化你成功的工具。

　　当我女儿为考试焦虑时，我常跟她说，学习本已经很辛苦，所有的抱怨、呻吟和担忧只会让学习难上加难。她不必非得喜欢学习，但若要想做到最好，学习就不可或缺。所以，我希望她在完成手头的学习任务时，尽量摆脱消极的情绪和悲观的想法，让它们变得中性。我们每时每刻都在创造和诠释自己的生活。万物之所以有意义，在于你赋予了它们意义——而不是别人赋予的。即便你赋予它们的意义源自他人（你的父母、牧师等），选择采纳这个意义的人依旧是你。你才是掌控一切的那个人。

有人侮辱我，我可以选择受辱，也可以选择同情他，因为他显然有他自己的问题。我还可以选择跟他争辩，也可以直接走掉。我可以选择从这次侮辱中看到这个世界的可怕之处，也可以选择看到这个世界亟待治愈，思考一下自己力所能及之事。我的经历由我创造。我可以选择。

担忧解决不了问题，只会让你的问题又多了一个。悲观也解决不了问题，只会让你以为无计可施，使得问题难上加难。恐惧解决不了问题，只会让我们不敢尝试，因为我们害怕失败。怀疑同样解决不了问题，只让你有了一个放弃的借口。冷漠解决不了问题，只让你对任何事都无动于衷。所有这些消极心理都只会钝化你克服障碍的工具，在障碍上又添障碍。

认识到自己的强大。不要把你的能动性交给别人，交给消极心理或环境。不要限制你的能力。你的世界除了自己赋予它的意义以外，没有任何意义。或许也并不是一定要赋予一个意义不可。是垫脚石还是绊脚石——选择权在你。就像我父亲对这个问题的思考：

> 我曾一直受制于环境，因为我一度以为人无法不受处境左右。而现在我明白，我有能力主宰我的内心，处境不过由心而生。

做个普通人

在腰受伤的这段日子里，我父亲卧床不起。我父母当时已育有两个小孩（哥哥4岁，我才6个月）。更糟糕的是，他们才刚买了第一套房子，如果父亲无法工作，家里可能还不起贷款。于是，母亲只得找了一份深夜接线员的工作，父亲则带伤在家哄两个孩子睡觉。不得不让妻子出去工作以维持生计，令我父亲非常羞愧，但他们还能怎么办？要想熬过这一关，他就得放下自尊，一起设法应对。

如果我父亲受伤后只想着"我是李小龙，我不能有伤！"他很可能拼命努力以尽快恢复健康，这样反而会使得伤势加重。到了一家人失去房子、流离失所时，他还可能心灰意冷，认为再也无法成为自己和其他人心目中的那个李小龙。他可能永远不会去香港拍电影，他所做的只是出演过一部20

世纪60年代的电视剧《青蜂侠》。而这部剧只拍了一季，所以我们也就不太可能专门回顾他的演艺生涯，因为《青蜂侠》就是全部了，而这不过是流行文化银幕上的一个光斑而已。

但正因为他是一个相信用研究、探索、实验来把握自己命运的人，所以他会自问：我能从眼前这个障碍中吸取什么教训？我该如何继续前进，鼓励自己坚持下去？我父亲没有沉迷于那个外在的、理想化的自我认同，而是做到了退后一步，分析这一挑战。

他还练就了另一项本领。一名技艺高超的武术家，必须要对把握时机保持绝对的敏感。与高手（或障碍）过招时，你只能在恰当的时机发起攻势。出手太早，会被挡掉、闪开，乃至无法碰到对方。出手太晚，对方可能已经不在原地，甚至先让你结结实实地挨了一下。

应对障碍正需要这种训练。逼得太紧，可能劳累过度；放得太松，又可能永远达不到目的。李小龙虽是个脾气急躁、风风火火的行动派，可他对于时机的把握却无懈可击。而培养耐心也是把握时机的一部分。是的，以他的性格而言，要做到这点并不容易。但言及耐心，他曾这样说过："耐心不是被动。相反，耐心是在积蓄力量。"考虑到他的腰伤，他需要耐下性子适度休息、适度研究，以最佳的时机和努力收获最好的康复效果。过早、过多地活动身体，可能会再次受伤。

有时，仅仅是等待也需要你付出所有。你能想象像我父亲这样的行动派为了耐住性子，需要使用多少力量吗？我自己也是属于"解决问题"的动手派，但有时面对巨大的障碍，我们需要停下来审视自己，审视时机，审视眼前的状况。我们必须调用所有感官，摆脱我执，才能不疾不徐地前进，最终彻底越过障碍。

> 一个人应该摆脱我执，专注于要做的事，仿佛此刻并没有发生什么特别之事。把自我当作一种工具，而非一种执迷。在内心深处，做个普通人。

当我们强大到能将属于自己的意义赋予世界时，就不必再去塑造别人眼中的形象，不必为了迎合别人的期望去克服障碍。相反，我们可以尝试做个普通人。这是什么意思呢？意思是遇到事情时先审视你的自我，别让你的自尊或自我保护，妨碍你跨越障碍。

正因为他允许自己做个普通人——不是"了不起的武术家兼大明星李小龙"，而是一个受了腰伤、努力生活，有时间就做点什么的普通人——李小龙才成了一个令许多人都永难忘怀的人。

精神意志

除了做个普通人外，克服障碍还需要动用意志力。如我父亲所言："人的意志所产生的精神力量可以战胜一切障碍。"你可能还记得我父亲在他的七大自我肯定中写过："意志力是我头脑中的最高法庭，凌驾其余所有部分。"我父亲认为自己是个"有自我意志"的人。不过意志力并不是对一个人的存在而言最重要的东西，如你所见，有时敏锐也不可或缺。但为了行动和实现目标，我父亲自认为已全副武装，不仅因为他是个武艺精湛的格斗家且处在巅峰状态，更因为他已经知道如何运用自身意志。

我也必须运用自身意志，才能让自己坐下来写这本书、健康饮食、锻炼身体、处理自己的问题和麻烦。虽然我也只在心血来潮时，才开始好好写作、好好吃饭、锻炼和成长。但如果做事全凭一时兴起，那就几乎什么也无法完成，难以持之以恒。毕竟，没有比懒惰、无知还觉得理所应当更不费力的事了。

想听我讲讲应该"想吃什么就吃什么，不管健康与否"的理由吗？没问题，听好了：为什么我不能吃好吃的、高脂肪、高糖、高盐的食物？它让我开心啊。人生不应该开心就好吗？不应该快乐就行吗？那这就是让我开心、快乐的方式。

但另一方面，当我只有在吃这些东西的时候才会感到开心和快乐，那么它们带来的开心和快乐就变得有限了，因为日后身体出了问题，我就再也开心、快乐不起来了。在满足口腹之欲的刹那，我会觉得"真好吃！"，但最终身心都会陷入糟糕的境地。看出问题来了吗？

为此，我们需要运用意志力，但究竟该如何运用呢？是用来做表面功夫，营造和维系一个甚至多个假象？还是用在长远之处——为我们的个人成长服务？一如我父亲所言：

> 何谓意志？就是要在不断变化的世事中对自己的能量加以引导，使得自己的行动方向与世事的发展协同一致。

根据这个定义，意志力并不是一种孤立运用的能力。相反，要考虑周围事物的发展，引导自身行为顺应正在发展的一切。听说过"顺势而为"吗？如果你在运用意志力时没有兼顾局势，只是一厢情愿地逆势而为，无异于自讨苦吃。你也许能在逆流中坚持一小会儿，但能够这样游完密西西比河吗？最终只会精疲力竭。

再回顾一下之前说过的"应该"。为"应该"之事动用意志力，并不能激发意志的精神力量，也无以消除障碍。我"应该"健康饮食，所以我可以"强迫"自己做到。但我并未抱有任何有意义的目的，不过是屈服于负疚感罢了。而运用自身意志追求健康饮食，是因为我想要长寿、身强体健，是因为这样能更轻松地实现我的目标，这样我会状态良好、精力充沛，这样才能发挥出意志的精神力量。在这种情况下，我会看到全局，给我选择的道路注入积极的能量。我会引导我的能量、我的行为与我远大的人生目标相协调。

正如我父亲在受伤期间不仅运用自身意志调养身体、研究和规划他的康复方案，还通过写作和阅读继续追逐他的目标和梦想一样，我们也可以运用自身意志实现我们的目标，同时滋养我们的灵魂。善用时间是振作精神、实现自我的根本。就像我父亲说过："如果你热爱生活，就不要浪费时间，因为生活是由时间组成的。"

重拾梦想

相信欲成之事有可能实现，是所有成就的起点。还记得之前说过的"务实的梦想"吗？在埃隆·马斯克①看来，上

———————

① 埃隆·马斯克（Elon Musk），美国电动汽车和能源公司特斯拉（Tesla），以及美国太空探索技术公司（SpaceX）首席执行官。美国太空探索技术公司的太空舱"龙"曾成功实现对接宇宙空间站后折返，被认为开启了太空运载的私人运营时代。

太空是可能的。在李小龙看来，成为20世纪60年代好莱坞电影中的第一个亚裔男主角也是可能的。不管你想做什么，不要因为它看起来太宏大、太遥远，不知道该如何实现就妄自菲薄。相信你的梦想可以实现，是直面障碍的关键——也是克服障碍的关键——这些障碍迟早会出现在你前进的道路上。

在此，我想透露一些你可能并不知道的事。其实我父亲余生都在忍受腰痛的折磨，他没能凭借坚强的意志和乐观的精神，奇迹般地彻底治愈他的腰伤。但你知道他做到了哪些事呢？他力所能及地强健体魄、调养身体，通过周围的肌肉群和优异的整体身体素质来保护脆弱的腰部。自负伤以来，他每次都花很多时间热身和放松。运动过后，他会根据需要冰敷或热敷他的腰部，也会根据需要服用中药或西药缓解疼痛。他还学会了如何带伤训练、教学、演戏或演武。

最重要的是，他没有让伤病限制他、妨碍他、打消他的梦想。在他的电影中，他始终呈现出最好的状态，一路拳打脚踢，无一不是借助脆弱的腰部来完成。因为必须顾及腰伤，他需要花更久的时间来完成动作，但这就是他实现梦想的方式。

你看，还有谁的工作能比我的更没有保障呢？我靠什么活下去？我对自己能力的信心。的确，腰伤折磨了

我整整一年，但祸兮福所倚，生活中的打击无疑是一记
警钟，提醒我们不要被一成不变的日常磨平了斗志。只
要你能够让自己超越现状，逆境会让你顿悟，去往更高
的境界。

当梦想开始瓦解，当我们习惯的方法不再管用，这可能
是场危机，也可以是一个回归自我、回归梦想、回归清醒的
时机，是一个重新评估和调整梦想的时机，还是一个有意识
地清空杯子，整理思想和情绪，为你从未考虑过的事情腾出
空间的时机。如果你的梦想依旧清晰可见、充满意义，那么
就算面对再大的障碍，也要拾起碎片将梦想重新组合起来。
同样的蓝图，可能是不同的构造。或是崭新的蓝图，更为清
晰的构造。无论构造是什么样……

　　把不同的梦想碎片拼凑起来，重拾这些片段，重拾
　隐藏于梦想中的潜能。随着自身的发展和时间的流逝，
　往往需要改良我们的方案。

只要你仔细观察，总能学到新东西——尤其是从障碍中
学习。障碍是我们最好的老师，它能告诉我们如何从自身的
长处和短处中获得最大的益处。只要我们愿意，它会为我们
打开新的认识领域，帮我们发展出新的技能。

　　做你认为明智的事，忘掉它，走下去。走下去，看
看崭新的景象；走下去，看看鸟儿展翅飞翔；走下去，
放下所有阻塞你感受和妨碍你抒发体验的东西。

　　有时，我们会被送上一段从未设想过的人生旅程，特别
是当我们挺身而出面对生活的挑战时。就我父亲而言，他做
到了与障碍合作，坚持走自己的路。一块巨石落进他的河道
里，他能够适应，继续流淌。但对有些人来说，生活带来的
变故没完没了，障碍只是其中之一。它无疑是个问题，甚至
还可能是个大问题。但要是生活完全失去了意义呢？又当
如何？

第七章

暴风雨

无论如何，你必须让内心的光明指引你走出黑暗。

有时你面临的障碍是如此巨大，以至于根本无法看清它的真面目。这不仅仅是个麻烦，更是一场生存危机。生活的变故来得如此天翻地覆、出人意料，你不禁茫然失措。你仿佛置身于狂风暴雨之中，漂浮在无边的大海上，除了吞噬一切的巨大海浪，方圆数里再无他物。一场海啸正向你席卷而来，没有任何征兆。

混　乱

1993年3月31日，我在新奥尔良，半夜正准备上床睡觉时，接到我母亲的一通电话。母亲说我哥哥国豪在片场发生了事故，受伤了。她要我飞往亚特兰大和她会合，然后再一起飞往哥哥所在的北卡罗来纳州的威尔明顿。她已经给我买好了机票，但除此之外的情况她也不甚清楚。

我不明就里地收拾好行李，天还没亮就赶往机场。当我和母亲会合，在飞机中转时，我们得知了更多消息。哥哥的主动脉受损，正在接受治疗。这听起来不妙，但也没人告诉我们到底有多严重。

我们登上了前往威尔明顿的航班，因为是临时买的票，座位不在一起。我有些恐慌和焦虑地坐在自己的位置上，在离地数千英尺的高空飞行——突然，我感觉一道闪电贯穿了我的身体，犹如一束能量穿过飞机，穿透我的身体，从头顶冲出。威力极大，令人非常不安。我顿时泪流满面，因为那一刻我知道，哥哥已经走了。我切身体会到了他的灵魂离开躯体时的感受。这是唯一说得通的解释。我知道这是真的，但不知该如何表达。一分钟后，我强忍泪水，竭力说服自己，是我在胡思乱想。我怎么知道那和哥哥有关？我开始自己给自己找理由，我只是压力太大，一个人瞎想罢了。

我们落地威尔明顿，下了飞机后，哥哥的未婚妻正在停机坪上迎接我们。我母亲迎了上去，与她拥抱。哥哥的未婚妻抱着我母亲，在她耳边简短地说了什么，然后我就看到我母亲瘫倒在地，膝盖蜷曲。我是对的，哥哥去世了。

从那时开始，我什么感觉都没有了。我在哭，但内心深处只有震惊。我们坐车前去医院看望他的遗体，那是段非常可怕的经历，经过那么多个小时的手术和输液，哥哥看起来完全变了样。余下的就是一片混沌。坠入了生命的荒野，一片没有地图又一无所知的陌生地域。

你可能认为我以前就经历过这些，毕竟很小的时候父亲就去世了。我确实经历过，但那时我只有4岁，记忆中多是一些模模糊糊的迷惘与混乱，印象里香港已成为一片悲恸的海洋，数以千计的人潮站在道路两旁为他送行。母亲和哥哥悲痛不已，我的内心也发生了转变。但也就是这些了。那时的我甚至还不认识"悲痛"这个词，更不记得自己的悲痛。我下意识地把那段记忆封存了起来，算是不幸中的一丝慰藉。

但时隔20年，我又一次站在这里，悲痛如野兽一般向我袭来。我们在北卡罗来纳州待了几天（不知是两天还是四天），接着飞往西雅图，把哥哥葬在了父亲旁边。接着又飞往洛杉矶，在那儿举办了一场追悼会。在洛杉矶时，碰巧还是我生日。我的身体虽然在场，但感觉像是置身于一场诡异的梦中，所有景象都模糊不清，所有声音都听不真切，除了排山倒海的悲伤和认知冲突外，我什么也感觉不到。

最终我回到了新奥尔良，回到了我生活的地方，但却再也没有哥哥了。我该如何继续生活下去？世界荒诞不经，好像什么都没有意义了。我站在暴风雨中——一边是海啸，一边是疾驰而来的龙卷风，而脚下正在地震。

我只知道要如何挨过每一天，却不再知道该如何生活。我早已计划好过完今年夏天就搬回洛杉矶，住在我哥哥附近，开始自己的演艺生涯。他拍摄《乌鸦》（让他丧生的那部电影）之前，我就和他说好了。而他去世后，我回到新奥尔良市，没有正式工作，而距离搬去加利福尼亚州还有好几个月，于是我在本地的杜兰大学找了一份粉刷宿舍的工作。这个工作很适合我，因为我不想和任何人说话。我可以每天听着音乐，刷八小时的漆，在路易斯安那令人窒息的炎炎夏日中，来来回回地粉刷着煤渣墙。

有一天，我正刷着漆，却突然膝盖一软，一下子跌坐在了地板上。那是一种崩溃的感觉——犹如一个人一直挂着根拐棍，竭尽所能地支撑自己，但身体终究还是坚持不住了。我坐在地上气喘连连，仿佛这是生平第一次呼吸，我突然意识到这几个月以来自己一直憋着一口气。我的悲痛开始泄洪，大坝终于决堤。

夏天结束后我按计划搬到了洛杉矶，生平第一次开始害怕起一些普普通通的事来，比如飞行途中的乱流或是与人闲谈。我一直处于痛苦之中，有时早上甚至起不了床，无法更衣，或是一连好几个小时都离不开沙发。在市里开车，开着开着我就会哭起来。内心深处，我痛苦不堪，但表面上日子依旧一天天过去。我尝试开拓自己的演艺生涯，和男友住在一起，得过且过。那段时间，我一直浑浑噩噩，不知该如何重新振作起来，又如何去理解这个世界。

我记得，当时我很希望自己从小就有信仰，这样它就能够向我解释为什么会发生这种事，哥哥的灵魂去了哪里，我如今该怎么办。我对这些事毫无头绪。我并不是希望获得一个宗教性的解释，我只是希望我内心的信仰，能为这些洪流提供一个理解体系。

我就这样生活了好些年。结了婚，开创了自己的事业，有了一个家。然而这些都是外在的东西。在内心深处，我早已停摆。暴风雨依旧猛烈，我快要淹死了。

我父亲说过："存在的对立面是什么？最不假思索的答案或许是'不存在'，可惜不对，存在的对立面是'反存在'。"

"不存在"只是一片荒芜，而"反存在"却是一种由衷的、对生活的抗拒。那段时期，我在很多方面都处于一种"反存在"的状态。我虽然存在着，但却没有活着的感觉。我一天天地过日子，但全都是走过场。我以前有过计划，做过选择，但现在只是在机械地过活。我没有认真活出我的事业、婚姻和生活。我想很多人都有这种感觉，无论他们是否经历过悲剧或重创：得过且过地生活，不太确定为了什么，不太投入，内心封闭。有的人或许知道自己缺少什么，知道有更好的活法，但却无从下手。

解　药

恰巧就在这一时期，我父亲的一些著作准备出版，他的文字在整理后交由我翻阅检查。那时我还未接手家族事业，这些文稿只是出于好意才交到我手上。我哥哥已经去世好几年了，生活仍在继续。我拿着父亲的文稿，开始一张张翻看起来。我看到了那些耳熟能详的话——"像水一样吧，朋友""以无法为有法，以无限为有限"，等等。接着，我看到了一段直击内心的话，它说：

> 治愈痛苦的解药一开始就藏于我心，但我没有服下。我的病症全因心魔作祟，而直到现在我才注意到。如今我知道，我当如蜡烛般燃烧自己，做自己的燃料，否则将永远寻不见光明。

我不知道为什么这段话如此契合当时的心境，也不知道到底该怎么做。但是我第一次感觉到了希望，仿佛终于有人给了我一条解谜的线索，而在此之前我甚至不知道自己正面对着这样一道巨大的谜题。

我开始意识到，我的内心一直在一遍又一遍地恳求我自己："救救我，我不能再这样过下去了，请救救我。"这种恳求并非出于主动，也并无任何了不起的用意，真的只是绝望的呼号。在读到父亲的这段话时，第一缕曙光出现了。我无意识地向自己呼救，而救援真的来了。

我们往往以为解决痛苦的办法就是忽略它、抹杀它，不去承认，就这样算了，因为如果承认自己的痛苦，我们可能会崩溃。我为此所苦，而我父亲对我说，我有治愈自己的解药。真的吗？怎么治愈？他在文稿中进一步表达了这样的想法："让自己与弊病同行，与之为伍，与之做伴，这就是摆脱弊病的方法。"还有，"混乱中蕴藏着机遇"。

我陷于混乱的漩涡中不得动弹，痛苦紧紧地攫住了我，让我几近窒息。我一边抗拒生活，一边假装生活，因为我再也无法相信生活会好起来。父亲去世后，哥哥也离开了，生活怎么可能还好得起来？照常理看来，所有通往幸福的道路都已断绝。但这种畏缩不前的生存状态同样也算不得生活，可我屈服了。我审视自己的内心，我想遵循父亲的话，我想相信生活不止如此。

我开始设法整理自己的混乱。我一边感知着悲痛，一边找了很多书、文章，也求助于咨询师和疗愈者。我敞开心扉接纳丧亲之痛，让它教我该如何生活。我越发深入地钻研父亲的哲学理念，开始设法活得更有意义、更真实、更完整。而我的悲痛仍在继续，我尚需努力——我们都一样。有时我会因为自己做出某个选择或犯下某个错误而故态复萌，脱离当下的生活。虽然我仍在苦苦挣扎，但直到那时，我第一次知道生活不止于此。我开始瞥见获得快乐和自由的可能。通过有意识地寻找，我开始感到自己的内心沉睡着被遗忘已久的生命力。在接受现实的过程中，我认识到自己一生中的大部分时间都患有轻度抑郁，自父亲去世起一直到30岁左右，我才终于摆脱这种慢性抑郁。我无知地以为，我一直承受的那种精神痛苦，人人都在承受。我以为生活就是如此。

我父亲说："逆境会让你顿悟更高境界，恰似狂风骤雨后，草木越发葱茏。"靠着自己的双手自我疗愈，不懈追求着完整，我理解了父亲所说的真理，并将其内化成自己的东西。我熬过了暴风雨，发现了风雨过后生机盎然的新生活。我在这段旅途中形成了此前从未有过的信念。生活开始向我吐露它的秘密。

父亲的话擦燃了火柴，为我点亮了第一盏灯。我开始燃烧，仿佛蜡烛。慢慢地，阴云开始消散，世界变得明亮起来。

　　　我们永远身处变化之中，没有什么是永恒不变的。摆脱内心的僵化，你才能随着变化而不断灵活改变。朋友，敞开心胸，保持流动。流动于全然开放的生命中。只要你的内心无有僵化，外在之物必将自现。行如水，止如镜，反应如回响。

不再抗拒生活——哪怕是生活最艰难的部分——你就会开始融入生活，生活会将你置于它的羽翼之下，对你说"看，这就是我们的生活"。不久，你会意识到你已经做好了准备，不再困在岸边的小漩涡里来回打转了。因为你知道自己就像溪流，可以放心地重新流淌起来了。

敢于相信

之所以告诉你我的故事，是因为你可能觉得生活百无聊赖——甚至觉得生活很痛苦，是种折磨。若是如此，你或许正置身于暴风雨而不自知。就像我在身患抑郁症的那26年里，内心已然停摆，自己竟浑然不觉。你不必像我一样直到找出了明确的创伤，才知道自己并未真的在生活。如果你想象不出那种大部分时间都生龙活虎、精力充沛的活法，我想告诉你，你并不孤单——我也想告诉你，那种生机勃勃的生活同样并非仅仅是一种幻想，或者只属于嬉皮士和超级英雄。它是有可能实现的。尚未过上那种生活，不代表你无法过上那种生活。但你首先要下定决心相信这一点，才能展开追求。你必须勇敢地去相信一次。

我父亲曾说："我不能也不会嘲笑信念，因为理性是如此贫瘠。"何谓信念？他的定义是："信念是灵魂的支撑，一个人的目标可以借由信念转化成相应的现实。"信念是灵魂的支撑。我的信念就是相信那些让我感觉完整的东西。此外，我父亲还认为：

> 信念是一种可以通过自我训练来调整的心理状态。根据自我暗示原则，反复向潜意识发出指令，可以引导或建立信念。这是自行培养信念的方法。

让我们来解析一下他的话。信念意味着相信或信任。我们除了推理、逻辑、举证、推演、分析之外，还要相信自己，相信支持你的人，相信你的旅程，相信你的本能和直觉。直觉是灵魂的话语，指引我们去聆听内心的表达。直觉是你接收到某种感觉或信号，促使你去探索或追随某些东西，哪怕没有什么说得通的理由。相信你的直觉，能引领你走出暴风雨——只要你学着培养和跟随你的直觉。

如果你还没有这种信念，可以慢慢培养。（还记得自我肯定的工具吗？）你只需要每天提醒自己，要相信自己，要寻找、感受并贯彻内心的指引，要锻炼自己的耐心，要训练自己相信直觉，相信只要你全身心地投入生活的实验，终将走出暴风雨，焕然一新。

哥哥去世时，有人跟我说"万事皆有因"。（专业提示：这种话最好别在别人痛苦的时候说）虽然事后你可能会发现直面创伤给你带来了一些好处，但创伤依然是创伤，需要经历很多东西。等你觉得合适的时候，可以试着这么想：你就是那个走出了暴风雨的人，你与风暴共存，决心就算是爬也要寻找出路。你的灵魂无论需要多久，终究会成长。这就是你，请别忘记。

八正道

现在，让我们具体谈谈该如何应对暴风雨，无论它对你来说是什么。想想让你失去希望的那段生活。它可能是你眼下正面临的一场灾难，可能是来由不明但可怕的麻木不仁，也可能是你从很久前就逃避的一个障碍，现在已发展成一场狂风骤雨。无论它是什么，都阻碍了你快乐生活的能力。

佛教中有叫作八正道的教义，通常指的是：

正　见

正思维

正　语

正　业

正　命

正精进

正　念

正　定

看懂了吗？我也一样没有看懂。文字精简却饱含深意，我只是一知半解。不过我父亲 —— 和我 —— 对这些理念做了如下解析（首先声明，我们都不是佛教徒）：

正　见

李小龙释义：看清问题所在。

李香凝释义：知道且理解自己的问题，看清根源在哪里。体会并分辨你的感觉：悲伤、愤怒、孤独还是痛苦。看看你哪里被阻塞了，哪里正愤怒着，哪里还痛苦着。可以的话，弄清缘由。

正思维

李小龙释义：决心治疗。

李香凝释义：有意识地决定不再这样活下去。决定有所行动。决定做出改变，充分相信你可以摆脱这些问题，或者带着这些问题依旧活得充实。

正　语

李小龙释义：说出来，以治愈为目的。

李香凝释义：放下怀疑、自我贬低、保留、伪装、撒谎。你是在提升自己——请全力以赴。以乐观的言语说出你的问题和解决方案。通过言语走入新的生活方式。

正　业

李小龙释义：付诸行动。

李香凝释义：拿出你的工具，动手吧。通过你的行动、你的表现，进入新的生活方式。虽然这并不代表你已变得完美，但却意味着你有了目标，而且在朝着目标前进。阅读、上课、接受治疗、肯定自己——行动吧！

正　命

李小龙释义：你的生计不能违背疗愈的目的。

李香凝释义：别做那些明知会扰乱自己的事——不良习惯、有害环境、负面关系。"疗愈"指将自己的所行与所言，作为你自行开创的新生活的一部分。"生计"不一定指你以何为生，更是指你的生活、你的生命力、你的环境。不要明知故犯，不要自我妨碍，也不要让他人妨碍你。尽量扫清路途上的障碍。

正精进

李小龙释义：治疗应当"匀速"进行。

李香凝释义：就像马拉松选手，如果在起步时冲得太猛，就难以撑到终点。不要急于"抵达"，好像生活真有什么目的地似的。你只是在生活，要尽量活得真实而有生气，细水长流。所以，按你能维持并全力投入的速度前进就好。

正　念

李小龙释义：不断地感受与思考你的治疗。

李香凝释义：你必须有治愈自己的愿望。你必须牢记这份愿望，始终以此为目标。不必执迷，但要一直为之努力，不能忘记。如果你偏离了航向，要回想起来，回归正轨。要时刻谨记在心，一次又一次地擦亮它，一次又一次地守住航向。

正　定

李小龙释义：学会用深心①静观。

---

① 佛学教义，深心与至诚心、回向发愿心并称"三心"。

　　李香凝释义：深心不仅能听到心灵的声音，它还是感受之心，是浩瀚之心，是灵肉结合之心，是静观而非分析之心。用深心去感受你的思想，如同感受真实的经历一般。允许这种从思想到感受再到存在的转变。体会用行动表达思想的可能，让你的内在与外在统一起来。学会将深心当作一个无边无际、拥有无限创造力的杯子，一次次地装满你的生命力，然后通过你的存在将这些生命力表达出来。

　　我知道这些听上去很复杂，但其实不必过分执着于这套规则。只要投身于生活的生态系统就好。身处悲痛的暴风雨中时，我好长时间都未曾意识到自身状况，直到我第一次发现心中那持续不断的、绝望的咒语——"救救我，我不能再这样过下去了"。我想既然我已经知道自己正处于痛苦和悲伤之中，那么也一定有办法看清楚是哪里出了问题。然后，我发现了父亲的文稿，沉浸于其中，在不知不觉间便决心治疗自己、行动起来——我真的不能再那样下去了。我开始参考自己找到的各种书籍、建议和可能的生活方式。虽然缺乏条理和目的，但我一直在坚持，因为这关乎我的心理健康。我必须匀速前进。

　　而接下来，我开始痊愈，真实的生活逐渐展露在我眼前。我又开始清醒地向前迈进了。一段时间后，我决定接下打理父亲遗产的重任，进一步将治疗融入我的生活。如果单纯为了治疗，其实我并不一定要接下这份事业，但我觉得自己受到了感召，能做这件事，我三生有幸。不过，在不断拓展、成长、努力做自己的过程中，面临的挑战也越来越多。时至今日，我才开始体会和理解如何用深心静观——它指的不仅仅是思考，更多的是感受。这是更高层次的修炼，需要时间。所以，要缓慢而坚定地握住自己的手，拉着自己往前走。如果在你身边有人也能牵着你往前走，请向他们求助。

　　所有这一切都需要诚意和决心。还记得我之前说过，这些事做起来未必轻松吗？但当它们成为你的一部分，成为你的生活方式之后，自然就会变得轻松。它们会改变你。

热情之神

　　衷心祝愿各位，永远心怀热情。因为热情是自觉成长和自我治疗所带来的另一份收获。发现自己走出暴风雨后，你首先会松一口气，继而感到兴奋。点燃那种像火焰一样的兴奋吧，让它燃烧得更加耀眼。我父亲说："热情是我们心中至高无上的神，能自然地化身成实际的成长道路。"当内心充满热情时，我们会受到生活的鼓舞，活得快乐而有所渴望。如果你目前尚缺乏真正的信心，不妨让热情取代好奇，因为热情能自然地转化成参与的欲望。这种欲望能带来行动，行动能带来活力，而活力能带来深深的快乐和自信。

还记得我父亲21岁时写给曹敏儿的信吗？他在信中还写道："我觉得我心中蕴藏着强大的创造力和精神动力，胜过任何信念、抱负、信心、决心与愿景，它是这一切的总和。这种主宰般的力量如今就在我手中，像磁铁似的深深地吸引着我。"

你也手握一股强大的创造力和精神动力，这股力量就是你。你由自己指引、成长和创造。这股力量就是你有待发掘的潜能，就是指引你走出黑暗的光。

在哥哥去世27年后，我终于可以诚实地说，在深入探究自己的悲痛和治疗自己的创伤后，时至今日，我已变得更好、更完整。我多么希望不必失去哥哥，也能学到这一切。这是完全可能的，即使是现在我也依然有很多东西要学。不过生离死别也会带来一些馈赠。死亡是位重要的老师，教会我们生活，教给我们活着的意义，教育我们世事是何等无常，告诉我们什么才值得珍惜，而消沉和仇恨是多么无意义。死亡的教诲让我们懂得灵魂与柔顺永恒不变的重要性，懂得真正的爱与诚，懂得放手与接受。我随水而行，正是这些教诲引领我前来与你相遇。

　　除了现世，我们无处可去，没有能浇愁的酒馆，也没有能赎罪的监狱。所以，禅不曾向我们指出这世间究竟有何问题，相反，它主张一切烦恼的根源，恰恰是来自我们没能够认清世间本无烦恼。因此，也本无解决之道……

第八章

有生命的空

空可以说有两个方面：

空即是空；

空是种意识，是对空本身的觉知。

说得不恰当一点，

这种觉知"存在于我们之中"，

又或者确切地说，

是我们"存在于其中"。

我父亲在论水的名句中，谈到了将水倒入杯、壶、瓶一类的容器时，水会随着容器的形状改变。这无疑是在论述水的适应性——水能迅速适应所处的环境。但他同时也是在论述他所说的"有生命的空"，指的是水直接而及时地做出反应，与环境形成共创关系。水无须丈量杯子的尺寸是否合适，无须考虑怎样才能刚好装满杯子。它只是流了进去，自然、及时、简单。

自行出击

　　电影《龙争虎斗》上映之初，影片的前半部分剪掉了一个由我父亲自编自导的场景。在25周年重映纪念会上，华纳又把这一段放了回去。片中，我父亲和一个和尚并肩而行，这个和尚是他的师父，正向他发问。

　　　　和尚："你的武功超越了有形的境界，已臻化境。我有几个问题问你。你追求的武艺的最高境界是什么？"
　　　　李："无艺可求。"
　　　　和尚："善。应敌时，你有何想法？"
　　　　李："无敌可应。"
　　　　和尚："为何？"
　　　　李："因为'我'并不存在。"
　　　　和尚："说下去。"
　　　　李："武术的高手不会紧张，而是做好了准备。不思考，也不幻想。随时准备应对一切可能。敌进我退，敌退我进。待机会来临，不必我动手，身体会自行出击。"

　　"自行出击"，这就是"有生命的空"的含义，无论是习

武还是生活。但首先还是让我们后退几步，从对"空"的理
解讲起。

空即是空

我们此前所说的"空"都是一种精神状态——对正在
发生之事保持开放，活在当下，摆脱评判和惯性思维。还记
得无拣择的觉知吗？还有倒空心中的杯子？这是"有生命的
空"的第一个方面。觉知的第一个层次就是要摆脱固有的二
元思想（好与坏、对与错）的禁锢，看到事物的本来面目而
无所执。你没有什么特别要做的，只需要接受、承认和感知
每时每刻发生的一切，包括可能产生的任何阻抗。

换个角度也可以说，"清空你的心"追求的是一种诚实、
赤诚、真挚和直率的心理姿态。要想心态开放地活在当下，
我们必须做到对自己完全诚实，不带一丝偏见地直面每一段
经历。如果你能充分体会并诚实面对你的经历，就能真正着
手研究它。你会开始意识到是什么让你兴奋、让你喜欢，又
是什么让你厌烦、让你避之不及。你会开始明白你面对的障
碍是什么——你抗拒的人、你忽略的地方、你再三重复的
模式。在这种状态下，你能看清自己的强迫性想法、日常习
惯、评判、人际交往中的互动和反应——但有且仅有的一

个前提是，你能毫无保留地对自己诚实。

> 我大可作作秀，摆出一副不可一世的样子，装得酷
> 劲十足……但要真诚地表达自己，不对自己撒谎……
> 朋友，这样最是不易。

一旦我们不再欺骗自己，变得诚实、真挚，那么此前我
们探讨并练习过的所有工具和理念，都为我们认识有生命的
空做好了铺垫。

我之所以强调有生命的空，是因为这种空并非一个吞噬
万物的黑洞，所经之处寸草不留。它是一种自在高妙的觉知
境界，极富生命力。在这种境界中，你可以尽情地感知和感
受，毫无障碍。我父亲对"空"有很多不同的叫法：空虚、
无物、无形之形等。说到有生命的空的第一个方面时，他称
之为"无心"。他说："无心并不是要断绝情绪或感觉，而是
要让感觉不黏着、不闭塞——是无所执着之心。"我们之前
谈到了开放之心、感知之心、诚实之心，现在又多了一个无
有挂碍之心。我们要觉知自己的想法和感受，但不要陷入循
环之中（执迷、心烦意乱、备受打击、困惑）。

> 要成为技艺的主人，必须消除心中的障碍，让心智
> 处于流动之中，进而忘却习得的技艺，无须刻意用心。

　　我父亲所说的"心中的障碍"，指的是任何阻碍你流动和直接表达的东西。消除这些障碍，我们才能摆脱被动的响应，开始有技巧地给予回应。

　　生活中，有人被动响应，有人主动回应。被动响应是种没有技巧的表达，若我们对自己的状态、受童年经历影响的大脑或是正在发号施令的我执无知无觉，就只会做出被动响应。而主动回应是种有技巧的表达，由我们更高层次的自我掌控全局，做出自然而巧妙的选择。

　　所以为了消除心中的障碍，我们首先需要对障碍有所觉知。觉知自己的挂碍和制约，才能谈及化解。我父亲嘱咐我们要"心无所住，一刻不歇地流动，摆脱限制和区隔"，但并非是我们心中再也没有了区隔，不受限制，而是决心不被这些东西控制。要在与生活不断的互动中，有意识地保持觉知。消除我们的心理障碍、执迷之念、计较之心、攀比和在人前显摆的需求——只是坦荡、赤诚、真实、完全地做自己。

　　到了这样的高妙之境，你不必再在说话或行动前摆正自己的位置。你只需相信你的一言一行，都出自那一刻最真实的你。我们所有的修行都在于此——达到再也无须停下来分析，再也无须刻意伪装的境界。一如我父亲所言："你掌握知识与技艺的终究目的在于'忘却'，如此方能自在无碍，飘浮于空境。"试想在任何情况下，都能自信且自然地行动会是怎样一种情形。那将是个人力量、自由和表达的极致。

怎样才能拥有这样的个人修养呢？

修炼阶段

　　说到这儿，你可能认为很多人都没有"思考"他们的言谈举止，他们并不是"生活的主人"！你想得没错。行为有有意识与无意识之分。为了实现从无意识到有意识再到兼具有意识与无意识的空，我父亲设计了他自己的修炼阶段。他的修炼分为四个阶段，阐释了他所认为的一门艺术的成熟过程。

　　1966年，我父亲请为他打造过微型墓碑的李鸿新，再为他制造四块牌子，代表他为自己和截拳道艺术确立的各个修炼阶段。这四个阶段是：

片　　面
流　　动
空
截拳道

第一阶段：片面

我们大多数人一开始都是片面的，这是种无意识的行为。就武术而言，你初学乍练时，出拳就只是出拳（举个例子）。别人让你出拳，因为你从没做过，于是就随便打一拳。你不会考虑如何才能打出漂亮的一拳，即便你真这么想过，你也没有相关知识——只能按照自己觉得合适的方式出拳。你打出一拳，但很笨拙。凭着一股毫无经验、不受控制的野性，没有窍门，没有技巧。这一阶段的代表标志是一张破开的阴阳图，各部分不具有内在联系，我父亲称之为"走向极端"。

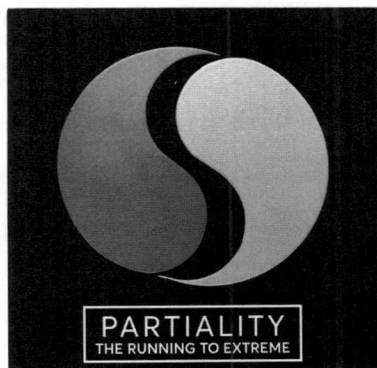

截拳道第一阶段

生活中的这一阶段，指的是对自己的想法、情绪和行动缺乏觉知。我们狭隘地将事物理解为非好即坏、非对即错，做出没有技巧的被动响应。我们采取自我防卫的态度，不愿倾听或考虑别人的观点和感受，处于偏见之中。我们不愿看到事物的另一面、另一种体验、另一种方式。我们不愿相信别人没有恶意，不愿考虑他们有他们的经历和对生活的理解。我们不愿看清是因为内心的障碍，让我们陷在同样的行为模式中不可自拔。我们在生活的波涛中浮浮沉沉，不知何处是岸，光是为了拼命将头露出水面呼吸，就已竭尽全力。

第二阶段：流动

一旦我们承认自己（和其他人）还有很多东西要学，开始自我提升，便进入了流动阶段。在这一阶段，有意识的觉知开始萌芽。就武术而言，此时的出拳已不单单是出拳。我们突然意识到要打出漂亮的一拳包含很多错综复杂的因素，我们开始训练、修行，掌握相关技巧。我们开始看到出拳不仅需要动用手臂和拳头，要想打得漂亮还要调动整个身体和所有感官。我们开始看到为了打好这一拳，命中目标，我们

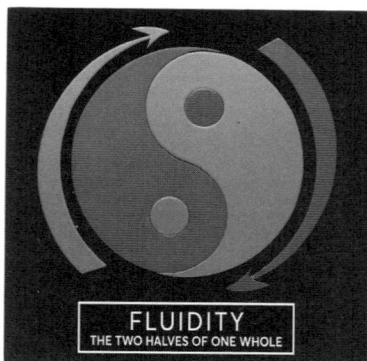

FLUIDITY
THE TWO HALVES OF ONE WHOLE

截拳道第二阶段

必须处于最佳状态，考虑周遭所有因素——我们要朝谁或朝什么出拳，我们在哪儿，我们有何感受，究竟出了什么事——并学会利用这些实然。我父亲将这一阶段称为"一个整体的两半"，标志是一个完整的阴阳图，周围环绕着两个箭头，表明两种互补之力持续地相互作用。

　　在这个阶段，我们心态开放，致力于学习和完善自己。我们看到了发挥自身潜力的可能，尽管这让我们既兴奋又害怕。

　　我们承认自己的错误和障碍，想方设法地修行、学习和成长。我们认识到人是可以流动起来的，追求平衡和完整成了我们真正的目标，因为我们开始看到觉知和努力带来的成果。我们磨砺自己的工具，努力改变自己，真正理解自己，继而推己及人，开始对身边的每个人抱以同情。为何同情？因为当我们开始成长，理解自身的局限性时，我们也开始认识到其他人的局限性，对他们的感受焕然一新。

　　我父亲早年便接触过流动，但我认为他是经历了奥克兰那场决斗后才正式地步入了这一阶段，他开始有意识地努力摆脱此前僵化的训练方式，用全新的眼光看待他和他的艺术。遇上那个转折点，他才真正开始修补、表达，有所收获。他开始深入思考，一个武术家、一个人怎样才能变得完整。他全面钻研格斗、健身、营养学和哲学，提升自己的认知和技艺。他坚持训练、探索，并将这些融入他的生活。

在流动阶段，我们能看到生活丰富多彩，每个问题都不止一个解决方案。我们有很多工具可用，而且还在开发新工具。我们变得更有创造力，更富表现力。我们开始能够时不时地流动片刻，并十分渴望能一直流动下去。我们学会接受生活不断变化的本质，与之合作，不再对抗。

第三阶段：空

这个阶段就是有生命的空，也称"无形之形"，我父亲在他的牌子上用一块空荡荡的黑色方块来表示。

在这一阶段，意识与无意识开始合为一体。再无割裂的两半，只有完整。仍以武术为喻，达到第三阶段——空的阶段时，出拳又重新变回了出拳——我们的武艺已炉火纯青，不需要思考该如何出拳，该注意哪些要点，以及该在何

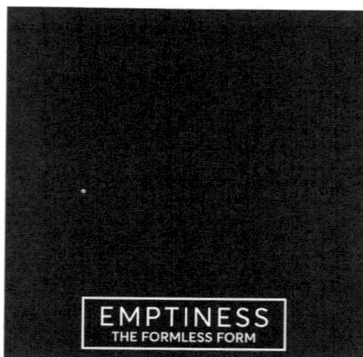

截拳道第三阶段

时出击。我们只需要出拳即可。但这一拳却非常纯熟——技艺高超又发乎自然。

我的好友兼同事克里斯给了我一本吉川英治（Eiji Yoshi-kawa）的小说《宫本武藏》（*Musashi*），译者是查尔斯·特里（Charles S. Terry）。这本书讲述了17世纪的武士宫本武藏的生平，《五轮书》（*The Book of Five Rings*，我父亲也收藏了这本书）就出自这位武士之手。小说中的一段话，很好地阐释了有生命的空：

> 他灵光一闪，有了对策。这对策并非推演自任何兵法，兵法理论直接化成了武士的本能。靠理论推演出攻击方式相当费时，在速度决定一切的情形下，往往会招致失败。武士的本能不同于动物本能。前者犹如一种内在反应，源自智慧与训练的结合。那是一种超越推演的终极理性，是种无须思考就能在刹那间采取正确行动的能力。

还记得本章开头提到的我父亲与和尚交谈的那一幕吗？武艺的至高境界就是无艺。正如《宫本武藏》一书所言，间不容发的行动并非推演自兵法的理与术，而是一种无须思考就能在刹那间采取正确行动的能力。唯有将武士积累的智慧与训练结合起来，才会产生这种反应。它源于敌我皆无的空。这种空性中只有完整的实然和针对实然做出的反应。换言之，即自行出击！这就是精通水之道的极致。

在这个成熟的阶段，你已无所限制。你站在各种可能性的中心，有能力朝任何方向出招。这不再是一种战术准备，而是处于全面觉知中的瞬时表达。此时的空不仅是一种不受判断力制约的、久经训练的精神状态，更是一个允许智慧和本能自由创造的空间，在这里，你能流动无碍地与当下的时刻共同创造生活。在这种空性中，空我合一。

为了弄清如何才能企及这种高层次的空性（这样我们才能进入第四阶段），需要深究一下达到这一阶段的机制。

消除间隙

武术中，有个概念叫消除间隙。间隙，最浅显的解释，就是你与目标或对手之间的距离。谁能又快又准地消除间隙、近身上前却不至于身陷险境，谁就技高一筹，功夫精湛。在武术中，要做到这一点，你必须具备很多工具：你得有很好的机动性——步法轻快，移动自如；你得相当敏锐——全然置身当下，读懂对手及其动作，不放过任何微小变化，及时做出反应；你得懂得抓住时机——能够找到可以轻易得手的完美切入点；你得有很好的理解力——有

能力发挥你所有的经验；你得有很强的自发性——能在有
所察觉的瞬间立即行动，不会提前暴露自己的行动意向。当
下的时刻与你的动作之间应该毫无缝隙地相互作用。就像我
父亲所言：

> 为了将动作与真正的流动合为一体，动作与动作之
> 间容不得一丝间隙。

我们应当如何将这句话运用到生活中呢？我们要在生活
中消除什么间隙？在武术中，我们要消除的是自己与目标之
间的间隙——在生活中，这个目标就是与我们息息相关的
一切，譬如我们的追求、梦想、人际关系和工作。

我们要借用武术这项工具消除生活中的间隙：我们要学
会保持机动的技巧——能从不同的角度解决生活中的问题，
不断前进；我们要学会敏锐的技巧——不管遇到任何情况，
都能理解正在发生的事，清楚自己的感受和需求，从而感知
出眼下需要做些什么；我们要学会把握时机的技巧——不
仅能制造时机，还能抓住激发动力的最佳时机；我们要学会
理解的技巧——审视并学习我们过去的经验，将以往获得
的智慧运用于当下的情境；我们要学会自发的技巧——能
够自然、直接地采取最有利的行动，不被过度思考所束缚。

请注意，间隙是个空无的所在，它其实是现实的发源

地。纵是面对毫厘之隙，我们也要做出选择。小小的间隙里，蕴藏着我们的决定、行动、反应和思考。空荡荡的间隙是意识与无意识交汇的地方，有时我们为之做出了有意识的选择，有时则出于条件反射和受过的训练做出无意识的响应。我们认为自己有多少时间做出选择，很多时候会影响我们的选择——时间充裕，我们可以有意识地深思熟虑；时间紧迫，我们可能下意识地采取行动。但我们越是练习迅速做出选择，练习调节我们的潜意识，那么无论我们有多少时间，都能将间隙变小。我们要学会依靠有意培养的直觉来采取行动。

试想，只要你愿意，无论多小的间隙，你都能应对得游刃有余。你既可以有意识地做出轻松而自信的反应，也可以通过大量有益的训练来调节你的潜意识，让你无意识的反应也成为一种轻松而自信的完美表达。如果间隙最终变得非常狭小，几近消失了呢？这种连贯的感觉才是真正的流动，我们已与流动合为一体。

李小龙曾提点我们……

所有行动皆出自空性。空性动态的一面又叫作心智。而空即是真，其中没有欺骗，没有出于我执的动机，只有真诚和直率，能够使空性与行动之间没有毫厘间隙。

我们要练习消除感知和行动之间的间隙。之所以说是
"感知"而非"思考",是因为一般来说,思考意味着理性分
析,并不涉及直觉、本能、感受和潜意识。我们此前一直在
探讨如何将身体培养成与心灵同步的感受器,而现在我们讨
论的是如何缩短感知与行动之间的反应时间,使思想与行动
成为一体的表达。

我们的目标是要让所有行动之间没有丝毫脱节。它
们要连续地流动,像一条永恒流淌的河,没有片刻中断
或静止。

如何才能做到呢?这一步的说明需要你来撰写。通过修
行和探索,你会逐渐觉察出哪种方法最适合你。我父亲曾说
"领悟是通往真理的路",但这种领悟无法由别人赋予,只
能由你自己发现。它源于自如而柔顺的觉知,凭着这样的觉
知你可以迅速行动,因为你对自己已经有了深度的了解——
也因为你愿意充实地生活,已经做好行动的准备。

自由无法预想。自由需要觉醒的心智,它深刻且具
有能量,能够直接觉察,而无须渐进地缓慢抵达……
对此,许多人可能会问:"我们如何才能获得这种不受
限的自由?"然而我无可奉告,因为一旦说出口,它就

会变成一种固定的路径。我只能告诉你什么不是自由，
却无法告诉你自由到底是什么。朋友，这得由你自己
探索！

　　自由的感受源于学会在生活中毫不费力地流动。而需要
你花费力气之处则在于不断地自我训练、自我提升，这样我
们才能变得越发完整，更加游刃有余地做出反应，投身于不
断变化的生活。我们不必再思前想后，而是让发乎自然成为
一种常态。我们都有过说话做事拿捏得恰到好处的经历，那
种感觉非常顺畅、自然，整个交流过程都洋溢着一种热情或
轻松的氛围。那也许是一场私人谈话或提案会议，也可能是
在网球赛场上或格斗擂台上。你如此镇定自若，是因为你能
清晰地看到全局。

　　那么我们该如何修行，才能与当下融为一体、毫无间隙
呢？方法之一是只要你经过了大量切实而有益的修行，就不
要再自我怀疑。比如，有人想给你帮忙，如果那一瞬间你感
觉合适，那就接受。有人求你办事，你感觉不妙，礼貌拒绝
就好。有人给你一个机会（比如和香港一家陌生的新工作室
和制片人签下两部电影），你可以立即感觉出是否可行，并
满怀自信地答应或拒绝。

这很简单

空性这一概念的棘手之处就在易于理解而难以实践。我很喜欢父亲对简单的描述。他说："简单是应对问题时的一种高质量的感知。"至于空？很简单——时时刻刻都全心全意地活在当下、充满智慧、即时反应。但要真正做到却非常困难！道理很容易讲清楚，但要践行这种"简单"却非常艰难，仿佛需要无休无止的修行。首先，你能在方法上始终秉持这种"简单"的理念吗？当然，无论你多么有经验，都不可能不出半点差错。但我们此前已经放下了对错之分。犯错是值得庆幸的，因为没有"错误"就无法学习。而不学习，就无法到达生存更高的境界。所以，不要在开始修行前就拘泥于方法，简单、直接地开始修行就好。

将一体的概念分解开来看，我们可能觉得千头万绪、无从下手——既要客观地观察又要全身心地投入，既要活在当下又要主动感知，既要做出自然的反应又要追求我们的梦想，既要了解自己又要忘掉自己。救命！所以，我建议你不要分解这一概念——简单直接地践行、锻炼、磨砺。与其做加法，不如做减法——少一些阻碍、少一些区分、少一些割裂、少一些我执。日积月累，少就会变成多——多一些平和、多一些健康、多一些完整、多一些真实。

我父亲常用雕刻来比喻活出真实自己的过程。我们是一块块未经雕琢的大理石，与其想方设法地添补石料，不如削去所有多余的部分，露出隐藏于其中的艺术。每凿掉一部分，就露出一部分真实的自己。我父亲还将这个比喻用在了武术上：

> 功夫上乘不是指会得很多、很杂，而是要能去掉那些繁复和花哨，变得简单——就像雕塑家的创作不是靠添补，而是去除不必要的部分，让真相一览无余地显露出来。

"让真相一览无余地显露出来"——这就是我们的追求。在我看来，"真相"就是我们的"灵魂"。在我父亲看来，修行的最高境界就是由体验者（站在一旁评价体验的人）变成体验本身。当你就是体验本身时，便没有时间再去评价（"这段体验太棒了！"）——只有原原本本的体验，我们就是体验。这就是完整。这就是一体。这也是真正的流动。而当我们开始流动，就会逐渐出现一些奇效……

奇效一：你的速度更快了

看过我父亲所有著作和手稿的人，无不惊讶于一个在世仅 32 年的人竟留下了如此数量众多的作品，而在他活着的时候还要拍电影、教武术、养家糊口。为什么他能如此高产？这是因为他在生活中践行了空性，没有掉进无法走出的间隙里。不被间隙绊住脚步，你的速度便会成倍地提升。

他创作和做事的速度很快——不是仓促，没有迫于压力，而是立刻动手。他很擅长将想法转化为行动（得益于习武），这几乎成了他的第二天性。他一有主意，就立刻执行。当然，不是所有主意都是好主意，但如果你能尽快放弃坏主意，也就能尽快产生好主意。我们的目标不是避免失败，而是失败要趁早，以便从失败中吸取教训，尽早走向成功。

有多少人明明想去做事，却一拖再拖？回忆一下你有了念头却没有执行的时候，哪怕只是"我该去洗碗了"这样的念头。之后，你会责备自己迟迟不去洗碗，也可能连续想过不下五次要去洗碗，才终于有所行动。而等到你真正开始洗碗时，心中气恼不已，因为此时你已经累得只想睡觉，却还不得不洗碗。现在试想一下，你刚产生要去洗碗的念头，就立刻付诸行动。洗完。搞定了。进入下一件事。这样根本不会在多余的念头或自我责备上浪费时间——这项任务（和你自己）不会再源源不绝地向你传递消极情绪从而妨碍你。

再举个更重要的例子。你一直想着"我要写本小说"，这个念头让你又惊又喜，充满热情。紧接着你满脑子都是自己的一些不足，你没有时间，写小说又有多不切实际（毕竟你不是作家），等等，这时你已经掉进间隙里了，连一座摇摇晃晃的、跨越间隙的吊桥都搭不起来。但要是你立刻拿起笔或打开电脑，将你的构思写下来，报一个学写小说的线上课程，就不会掉进间隙里。你已经跨过了间隙。无论最终有没有写完整本小说，你都翻开了新的一页。现在你可以决定要为这件事付出多少努力。也许你要花上10年，才能写完一本小说。但想想看，要是你掉进想法与行动之间的间隙里（那是如同黑洞般的空，而不是有生命力、有创造力的空），便永远不会开始，10年下来，你只会浪费许多时间和精力设想那本从未动笔的小说，却永远无法成形。

再来看另一个不同的例子。你在和一个刚认识不久的人聊天，你心想"我真的很喜欢这个人，相处起来很舒服"。可接着你又犹豫了，没有表达出来。于是，对方永远不会知道你的感受，你错过了与对方培养潜在好感、拉近彼此关系的机会，而且还牺牲掉了你在那一刻的自我表达。确切来说，你掉入了间隙。并非每个念头都需要说出口，但若你感到那是发自灵魂的表达，就该练习着对自己诚实且及时地、大方地表达出来。

如何判断一种表达是否发自你的灵魂呢？首先，别盲目相信我的话——自己去实验、自己去探索（回顾前面的章节）。试试表达，也试试不表达，看看哪种感觉更好。如果有些你没有表达出来的想法，始终不请自来地出现在脑海里，那它们很可能是在寻找表达的途径，你得决定该如何恰当地表达出来。留意你身体的感受。当你感到轻盈、活跃和振奋时，就该追随这种指引。当你感到拘束、沉重或枯竭时，就该想办法有效地弥补、表达来消除这种感受。但千万别掉进错失良机，又或者自寻烦恼的间隙里。学会积极而自由地行动，你就会一下子变得事半功倍起来——再回头看时，你的进步一定会让自己大吃一惊。

奇效二：你感觉强大

消除间隙、活在空性之中的另一个奇效是能给予你内心的力量。你开始感受到自己是命运的主人，掌舵的船长。你的内在开始与外在相合——也就是说，你在逐渐统一自己的想法与行动。任何情形下，你都能活出真我、迅速反应。你不再需要为讨好别人戴上精心制作的面具，隐藏真实的自己。这种感觉很棒，能让你倍感自信，最终倍感强大。

一开始你可能会感到畏惧，但当你将深藏在心中的东西表达出来，为自己的想法和行动负责时，就会变得成熟。这就是活得真实。

每个人都是自己灵魂的船长、生活的主人。如何才能形成这样的认识，继而在行为上发生改变呢？活得真实。为自己负责。

卡明斯（E. E. Cummings）有句名言深得我心："长大并成为真正的自己需要勇气。"确实如此。充分表达自己，对自己的一切行为和选择负责，是真正的成熟。我曾经很多次意识到，无论在何种情况下，人们都会由衷地欣赏那些能够真诚地为自身行为负责的人，尤其是当他们还心怀善意时。这样做不仅帮助了他人，对勇于担责的自己也有好处。诚然，这并非易事，甚至会带来痛苦，但这能让人知行合一。知行合一能带来一种力量和完整感。

负责而清醒地与他人交流是什么样的？摆脱依赖、靠自己站稳脚跟是什么样的？你能否做到体贴而坦率？诚实而友爱？带着自信与同理心，依照自己真实内心来说话和做事，那感觉是何等强大？

我父亲曾说"每种生活境遇都有因可循——而掌控权尽在你手"。掌控权尽在你手，你有能力主宰你的境遇，有能力看清自己，进而有意识地与自己、和生活合作，而如何做到这一步全由你决定。没有对错之分，只有负责与否。承担责任就是在赋予自己力量。你越是如此锻炼自己，就能越少恐惧，越发自然，越能活在空性中，也更加能够依据你存在的根基来生活。

　　根基是你表达灵魂的支点，也是一切外在表现的"原点"。忽视根基，会使本末倒置，必不可取。

　　本末有序、发自根基的灵魂会孕育出脚踏实地、真实可靠的生活。当你活出自己内心和灵魂中的那份真实时，自会变得谦逊，无须他人认可。因为你知道自己是谁，无须别人来告诉你。你可以真实而富于创造性地践行有生命的空，自信地跨越所有间隙，只因你从中感受到了强大的完整感。

奇效三：你安全了！

　　活在空性中让你感到完整和真实，感到自己始终在流动，这时你便会开始觉得安全。我说的安全是指内心的安然——你能够相信自己，照顾自己，支持自己，不管和谁在一起，不管发生什么事你都能安之若素，无所畏惧地做自己。当你的努力变得发乎自然、意图明确后，就不必再靠证明自己的观点、维护自己的位置、操纵局面或人际关系来博得别人的好感了。你可能以为你做这些事，是因为你很优秀、强大、聪明、有办法，但多数情况下，正是因为觉得自己不够优秀、不够强大才会这么做。而当你自觉不够优秀、不够强大时，就很可能感到不确定、不自信和害怕——你很不安。

　　不安是一种非常强劲的内驱力，为了能消除它，我们什么都愿意做。但真正的勇士（指直面生活的普通人）从不向外寻求安全感，他们努力培养内在的安全感。这种安全感来源于孜孜不倦地了解自己，并与变化和未知结盟。如果在你心目中，勇士是那种勇敢坚定地驰骋在沙场上的战士，那么不妨把这种意象转化为一个坚毅勇敢但不失优雅地应对生活的人。一个不怕面对挑战、不怕承认自身缺陷的人，一个并不追求理想形象，而是追求理想灵魂的人，就是现代的勇士和英雄。

　　此外，勇士也会害怕，但他们通常不会不安。这是因为他们知道自己有工具、有能力、有自信解决问题，也会坦然地面对失败。他们知道自己与生活、与周围的其他生命是一种共创关系。他们会自己决定何时该行动，何时该退让。他们也非常清楚自己的能力，因而无论是面对潺潺的溪流还是肆虐的风暴，他们都能够迅速跨过间隙，在空性中坚定地采取行动。

　　　　这么说吧：我从不惧怕面对任何对手。我自尊自强。他们影响不了我。是该与之一战，还是另做打算，我自有主意，就是这样……

　　朋友，接着就迎来了第四阶段……

第九章

截击拳头之道

以无法为有法，以无限为有限。

第四阶段：截拳道

我父亲最后的一个修炼阶段，就是他的截拳道艺术。说回武术的比喻，此时你的出拳不仅如第三阶段那样技艺高超且发乎自然，更是完全属于你的东西，包含你极其真实而独特的表达。世上再无第二个李小龙，第四个阶段就是其原因所在——它要求我们成为最本质的自己。李小龙的第四阶段只有他自己才能企及，而你的第四阶段也只属于你。

李小龙是如此独树一帜，没有人能够真正模仿他。他的动作、他的声音、他说话的方式、他的笔迹、他的肌肉结构，全是自己打造的——靠他自己的双手和努力。他从不模仿别人的形象。他只想做自己，而且做得非常出色。我认为这就是我们从他身上感受到的东西——他在某种程度上展示了人类自身所具有的可能性，给人带来一种非比寻常、激动万分之感。

在我父亲看来，这终极的第四阶段远不仅仅只是一套武术体系的名字。事实上，他根本不愿意称其为一种武术体系或武术派别，因为这种说法会分裂和限制习武者和武术本身。他甚至建议，如果人们执迷于"截拳道"这一名称，对截拳道是什么、不是什么争论不休，那不如让它彻底消失好了，限制和分裂习武者从来非他本意。相反，截拳道是李小龙直率的表达，是他灵魂的映射，是他能在地球上找到的、最接近本质的一种具象化的表达。毫无疑问，截拳道最能体现他对武术的表达，也包含着他对生活的表达。就像他自己说的，他的生活所学，都是习武得来的。

截拳道意为"截击拳头之道"，如果你一直在认真阅读，就不难看出为什么这是对我们之前探讨的所有问题的完美表达。在我看来，这个名字简单而漂亮地揭示了消除间隙的理念。拳头不仅可以攻击，还可以截击，可以回应。它是与当下实然之间的关系。它是有生命的，从空性中来，与现实直接相关。

我父亲制作的第四块也是最后一块牌子，代表了这一完整的个人实现阶段。和流动阶段一样，这块牌子上也绘有箭

截拳道第四阶段

头环绕的阴阳图，还用汉字在周围写下了他的座右铭："以无法为有法，以无限为有限。"这就是水的本质——始终无所限制地寻找自己的路。

你可能会感到奇怪，既然第四阶段似乎代表着空、无形之形和终极目标，那为什么牌子上却有如此多的图案元素？别忘了，有生命的空是我们所有个人表达的来源。理解空性、活在空性中固然重要，但我们才是那个秘密的部分，空性要通过我们自身去体现。我们每个人都是芸芸众生中独特而鲜活的表达。

所以，修炼的第四阶段就是你自己——你就是你的生活、你的内心、你的灵魂的表达。试想一下，那会是种怎样的表达？要我想的话，我得坦言自己还毫无头绪。我比较晚熟。但我为其留有空间，等着它逐渐变得清晰起来，同时抓住那些我已经理解透彻的部分，通过每天练习将它们越来越熟练地、由内而外地表现出来。这就是我们追求的过程。我父亲有句论述开悟的名言，说的就是这个过程：

> 想要开悟要注意，这种修炼不是从局部到整体，而是要修得整体的圆满，而后融会贯通于局部。

在我看来，这意味着要激发自己的全部潜能，要由内而外地用功，而非由外而内。我们不该把所有时间都用于追求生活的某种外在形式，想借此收获快乐、平静与强大。相反，我们应该追求内在的快乐、平静与强大，然后将这些融入我们的所做、所想，在生活中体现出来。譬如，不要把你所有的注意力和精力都放在事业上，希冀有朝一日它会带给你满足和快乐。而是要追求内在的满足和快乐，然后把这些融入你的事业和生活。

这样我们的生活便能够真实反映我们的本性，不带一丝矫饰。这样一来，我们在采取行动时，也不必绞尽脑汁才知道该怎么做。我们很清楚什么最重要，很清楚自己想要什么，无论如何都决心追求下去。

那么李小龙如何展现了他追求重要之事的决心呢？

了不起的《龙争虎斗》

泰德·阿什利是我父亲的弟子，也是当时华纳的负责人。华纳之前曾有意拍一部由我父亲主演的电视剧（这部电视剧《功夫》最终由一位白人演员出演一个中国人）。此外，他们还曾对我父亲与编剧斯特林·西利芬特（也是我父亲的弟子）联合创作的另一部片子《无声笛》感兴趣，我父亲有望和詹姆斯·柯本（James Coburn）共同出演，但结果都无疾而终。而后来，我父亲离开好莱坞绕道香港发展，他的电影接连打破所有票房纪录，华纳里看好他的人终于有了底气，他们要说服公司与李小龙合作拍片。

《龙争虎斗》是我父亲梦寐以求的机会——一部由他主演的好莱坞电影。不过，好莱坞宣传的是双主演，部分原因是他们想要避免在我父亲身上下的本最后收不回来，还有部分原因是他们非常担心当时观众的排外情绪。但我父亲对此毫不担心。他知道自己有这个本事，哪怕别人未必相信。他已准备好最大限度地利用这个机会实现自己的目标，向西方世界展示了不起的中国功夫，并在银幕上充分地表达自己，塑造一个真实的中国人。

问题只有一个：剧本太烂了。可以说，烂得一塌糊涂，以至于我父亲执意要解雇那个编剧，让他回加利福尼亚州去，自己再大费周章地重写大部分剧本。当然，华纳那边并没有听他的，他们让编剧留在了香港，只对情节做了些小改动。这部动作片最初命名为《血与钢》（*Blood and Steel*），后改为《韩先生的岛》（*Han's Island*）（与此同时，他们向我父亲谎称已将编剧送回洛杉矶）。在最初的剧本中没有任何流传至今的经典场景，没有"以手指月"，没有"不战而屈人之兵"，没有与和尚探讨武学真谛的哲学场景——"不必我动手，身体会自行出击"。

我父亲看重的是这部电影要准确而深刻地反映他的艺术和文化。他要借此机会向世界展示他是谁，展示中国武者的作为，他不会满足于平庸。所以他重写了剧本，将新剧本交给了制片方。他还就片名与华纳来回争论。他的中文艺名是小龙（Siu Loong），意思是年幼的龙，而这部电影是他向西方介绍自己的开山之作，因此《龙争虎斗》（*Enter the Dragon*）一名有着《韩先生的岛》和《血与钢》所没有的力量感和专属性。他多次致信华纳要求更改片名："请务必认真考虑'龙争虎斗'这个片名。我由衷地认为这个片名非常出彩，因为'龙争虎斗'意味着片中必有高人出场。"毋庸置疑，他提到的这位"高人"，就是他自己！

华纳终于屈服了，同意更改片名。我父亲以前所未有的方式拼命加强训练，并不断修改剧本，精益求精。他自己的制片公司协和影业（Concord Productions）成了这部电影在香港的发行方（虽然我父亲并非制片人），除此，他还担当整部电影的动作指导。他夜以继日地工作，充分利用他得到的这个机会。他要让世界知道李小龙。

他在给泰德·阿什利的信中写道：

电影讲求的不外乎是高品质、肯下苦功和富有专业精神，相信你一定会赞同我这个观点。我在武术和表演两方面均有长达20年的经验，如今已能不着痕迹地运用表演技巧来真实有效且巧妙地表达自我。简而言之，个中诀窍没人比我悟得更透。请原谅我的直言不讳，但我确实就是如此！你也看得出来，我心心念念要拍出史上最他妈（请原谅我粗鲁的用词）了不起的功夫片。最后，我会给你我的真心，但请你别只拿理性相对。作为回报，我，李小龙，将永远感激你在这件事上所出的力。

终于到了拍摄的第一天，香港剧组和美国剧组都进场了，还带了协助两个剧组沟通的翻译，拍摄准备就绪。然而，我父亲却没有露面——他拒绝去片场。原来，最终定稿的剧本发下来了，里面并未包含他写的那些内容，他所有的改动都被删掉了。

有些人认为，这次我父亲不妨先照他们的意思把戏拍了，要是反响不错，还会有下一次机会，到那时他可能就会有更多创作权——也就是先迈出第一步，然后再靠一部部片子一点一点地打开局面。但我父亲之前就在好莱坞试过这一套，没用。他知道如果他不坚持立场，就会一次次地被那些自诩"懂行"的人无视。

于是，他们陷入了僵局。

剧组只能先从没有我父亲的镜头拍起，而我父亲则待在家里，不改剧本就不去片场。制片人上门来劝他。我父亲受够了，不肯再听他们解释为什么不能照他的意思拍，他们只好转而劝说我母亲。我母亲会充当他们的中间人，而我父亲还是坚持己见，他跟片方说，他们手里就有他愿意拍摄的电影剧本，只要他们把那个剧本拿出来，他很乐意去片场。

制片方编造了一个故事，说我父亲对出演好莱坞电影感到非常紧张，害怕搞砸而不敢来片场。在我父亲去世多年后，弗雷德·温特劳布（Fred Weintraub）依旧在书中谎称我父亲吓得六神无主——这令我母亲和家人深恶痛绝。李小龙从未畏惧过这个机会。事实上，只有他才真正认清了这个机会的本质和它蕴含的可能性，他宁为玉碎不为瓦全。他知道他只有这一次机会向世界介绍自己。我母亲则极力促请制片人和导演重视我父亲的意见，她说："他很清楚自己在做什么。你们应该听他的。"

双方僵持了两周。日子一天天过去，缺少主演和动作指导，剧组已没有镜头可拍，只能无所事事，电影公司蒙受着巨大的损失。演员和剧组之间的关系越来越紧张。华纳开始向制片人施压，务必让拍摄回归正轨，而要做到这一点，只有一个办法。

制片人终于屈服了，答应了我父亲的要求。他们采纳了他对剧本做出的改动，同意按照他的构想进行拍摄。

多年后，我问母亲，当初父亲是否真的宁愿失去这次机会也不肯妥协，我母亲毫不犹豫地答道："当然！"李小龙表明了立场，坚守着自己的核心信念。他把他全部的表现力和自身的存在都融入了他的表演，因为他知道对他的灵魂来说什么是最重要的。他忠于自己的内心，正因如此，他所掀起的这股龙卷风爆发出了全部力量，永远地改变了他的境遇。

《龙争虎斗》风靡全球，巩固了我父亲作为武术大家和文化偶像的地位。

我的历程

有意思的是，得益于我父亲勤于写作的习惯，在他最后一部电影开拍前的一两个月，我们就已经知道他的构想了。1973 年初，我父亲正忙于拍摄电影《死亡游戏》(*Game of Death*)，就在同一时期，他终于和好莱坞谈妥，拿到了他渴求多年的主演电影的机会。他不得不暂停拍摄《死亡游戏》，去追求他的梦想，拍摄中西合璧的好莱坞动作片，最终成就了《龙争虎斗》。

就在这个时候，在他人生中最忙碌、最值得期待、最重要的时候（恰巧也是他将不久于人世之际），我父亲提笔构思了一篇文章，题为《我的历程》。这篇文章并未写完，留给我们的是些手写的草稿，犹如某种宣言。他在文中阐释了自己的身份，似乎渴望用文字表达一些他认识到的基本真理——关于他自己和他的生活。

　　我正在筹拍我的下一部电影《龙争虎斗》，由协和与华纳联合制作，此外还有一部协和的电影《死亡游戏》刚刚拍摄过半。我最近一直很忙，百感交集。

他仿佛很想直抒胸臆。或许是能量源源相生所致，当人过得充实忙碌时，能量似乎会膨胀，甚而渴望展现或传递更多创造性的表达。又或许是他冥冥中有感自己来日无多。或许这就是他的一种生活方式而已。无论如何，他即将实现远大梦想，感到有必要表达自己的核心。

这份草稿还有一个引人注目之处，就是上面满是删节和增补，似是奋笔疾书之作，很难辨认。为了抓紧时间说出一些重要之事，他牺牲了自己一向优美的书法。

简单说来，在此我要真诚而坦白地揭露一个叫李小龙的人……李小龙是谁？他要去往何处？他想发现什么？……我知道我不是非得写份自白不可，但我宁愿坦诚相待——这是做人最起码的事。我基本上一直以武术家为志，以演员为职。但最重要的是，我想在此过程中实现自己，成为一名生活的艺术家。

这些草稿里充满了领悟和渴望，但我之所以提到它，是因为这篇文章在他生命中非常关键的时刻，及时提醒了他不

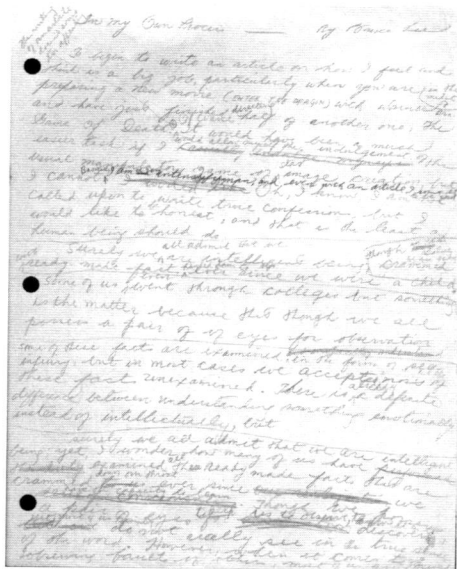

李小龙的手稿

要忘记自己的根本。他似乎是在提醒自己别忘了自己是谁，想要什么，看重什么，这样将来他才能依旧忠于自己，忠于自身存在的根本。"最重要的是，"他说，"我想在此过程中实现自己，成为一名生活的艺术家。"这是最重要的。

　　这就是我们这趟旅程要去往的地方：认清我们所能企及的最大限度的表达、成长和影响力，都源于我们存在的根本——第四阶段。当我们找到自己的根本，对我们的目标和我们自身怀有绝对的信心和信任时，我们便自由了。自由选择，自由创作，自由表达，自由地活着——无论置身于何种环境或境遇。虽然这可能并非易事，但我们选择直面困难，就是为了获得自由。

《龙争虎斗》是电影史上的一项壮举，并非因为它是一部杰作。影片情节平淡无奇，缺乏新意，完全是20世纪70年代那套俗气的老把戏（即便俗得让人买账！）。《龙争虎斗》之所以具有代表性，是因为李小龙在里面扮演的就是李小龙，他借助电影这一具有全球传播力的媒介实现了自己的梦想。就在一两个月前，我父亲在《我的历程》的草稿中写道："我很欣慰自己每天都在真诚地成长，我也不知道我的极限在哪儿。可以肯定的是，我天天都在收获新的启迪、新的发现。不过，最大的满足还在后面，我想听到有人说：'嘿，终于有个真实的人了。'"

在看《龙争虎斗》时，你看到的就是那个真实的人。你会看到一个自我实现、自我表达、自信十足、光芒四射的人从银幕上跳下来，跃入你的想象。突然之间，人的可能性成了一种现实，令人目眩神迷。抛开功夫片不谈，看到李小龙本人就像看到一条活生生的飞龙。

如何做自己？

虽然看上去可能有些自相矛盾，但想要飞翔，想要真正

自由地表达，你得先扎下根来，脚踏实地。还记得我父亲说
过："根基是你表达灵魂的支点，也是一切外在表现的'原
点'。忽视根基，会使本末倒置，必不可取。"

　　我们探讨的所有话题——了解你自己，通过练习发展
你的技能，都是为了让你意识到自身的潜能：既知道什么时
候应该目的明确、不怀一丝恶意地坚守自己的立场，也知道
什么时候应该放下自身意愿，顺其自然。你会有何具体的表
现，取决于你是谁这一根源。没有你，流动就没有方向。唯
有通过修行才能获得这些——而你所获得的正是你自己。

　　我父亲说："我游历四方，学到了一件事，那就是一定
要做你自己，表达自己，相信自己。不要去寻找一种成功了
的个性，再有样学样。要从自己的根本出发，扪心自问'我
应当如何做我自己？'"他认为立足于自己的根基，实现自
己，也许就是人类所能企及的最高境界。

　　正因为拥有让自我扎根、了解和体现的内心，我们才能
像站在巨大风暴的暴风眼中一样，守住我们的信心、行动、
力量和平静。

　　　我们要像漩涡，核心永恒不动，而外在却犹如水涡
　　或旋风（风眼平静）般持续地加速运动。核心才是真
　　正的现实，而漩涡不过是多维力场诱发的现象。坚守
　　核心！！！

正是这种观点促使我父亲在1973年坚持立场，不惜一切代价捍卫自己的意志。

自由就是完完全全地做自己 ——在心理、情感和精神上不受他人的控制或操纵，允许自己为自己而行动。如果你害怕这么做会让你失去很多东西，那么请想想看，你失去的都是不属于你的东西，而你得到的才是真正属于你的东西。我说的这些是否属实，也只有你亲身一试才会知道。

溪中月

强大，充分表达自我，自由，这些话题我们已经谈得够多了，但我还想介绍这场水之旅能够带来的另一个好处。我想说的是，所有耀眼的个人发展，最终的根源都是一种深沉的平静。还记得我父亲那篇《我坚定的目标》（见第五章）吗？他在文中表明，他的目标是成为一个成功的演员和武术家。而在文章的最后，他说他追求的所有这些目标都旨在实现内心的和谐与幸福。这份内心的平静才是真正的力量之源。

别忘了，万物生于空，而空之中无一物。空是虚，是无，是静。台风中最平静的地方在哪里？风眼。诚如我父亲所言："真正的静，是动中之静。"我认为，这意味着当我

们认识自己、接受自己后，就能获得某种内心的平静。心中
没有任何不安，真实地活着。这种安全感中蕴含着平静，真
实的力量就来源于此。我们能在这个没有限制的地方，在这
个静谧无垠的空间中，面对生活的未知。

　　想想看，如何才能沉着冷静地面对挑战？我们很容易失
控，变得愤怒和好斗。但要想冷静地面对对手（或面对自
己），准备好应对任何可能，就一定需要安静的力量。这是
一种无可撼动的平静，一种深深的定力，一种强大的认知。

　　我喜欢将我的能量之源想象成一个小而明亮的旋涡星
系，被点缀着星星点点光芒的漆黑太空所包围。它能提醒
我，空是我的一部分，我可以接近无限。每当我感觉到束
缚、过于被动时，都会试着回到位于我意志中心的那片小而
广阔的天地，告诉自己，无论外在环境如何，我的内心都无
所拘束。我，是无限的。

　　我父亲称之为"溪中月"，一轮满月倒映在奔流的溪
水中。溪水奔流不息，而任由水花涌动翻腾，月亮却静默
如一。

　　　溪水奔流不息，月亮却静默如一。恰如心对千万种
　情境做出反应，却未曾改变。

涅槃的秘诀

我父亲很喜欢观音。家里有好几尊观音像——花园里有一尊石雕的观音头像，另外还有一尊真人大小的木雕观音坐像，像中观音随意地盘腿而坐，似在休息。

我幼年在香港时，经常坐在观音的腿上。她盘起来的双腿正好能容下我幼小的身体。这位充满慈悲与怜悯的女神，仿佛是我的一个避难所。时至今日，她在我心中依旧占有一席特殊的位置。在东方的宗教体系中，她是一位渗透多种文化的女神，深受印度、中国、日本、韩国、东南亚，可能还有很多其他国家和地区的崇奉。人们经常将观音与西方的圣母玛利亚相提并论。

我父亲喜欢以观音为例来说明流动之心或是溪中月（月亮自如地随溪水流动而不失其平静完整），正如下面这段描述。

慈悲的观世音菩萨，有时会化身为千手观音，千手各执法器。如果她专注于执矛之手，则余下九百九十九只手不能自在妙用。正因为其心无停滞，流动于各大法器之间，千手皆能运用自如。因此，所谓"千手"无非是为了昭示众生，若了悟真谛，纵使千手生于一身，也自能妙用。

我们一直在讨论的这种不受外在扰乱的自由，实际上是我们想要拥有的一种心性——无限流动之心。无所不能思，无所不能梦，无所不能信，无所不能想，无所不能观，无所不能悟，无所不能持。流动的心可以运用千手而不停滞于任何一只手——如同溪流般顺其自然。我们的修行就是要观察万物，而不让注意力困于一物。心并不仅仅感受某一物，而是感知万物。

动也未动，紧张而放松，看到当下发生的一切，不去担心可能发生的变化，没有蓄意计划，也没有刻意盘算，没有预判，也没有期待——简而言之，像婴儿一样天真无邪，却拥有完全成熟的心智，深谙机巧，敏锐且智慧。

我父亲说妄心（自我误导）是指心被聪明和结果所累（聪明反被聪明误）。它每时每刻都在反思，从而妨碍了心灵的自然流动，因而也扼制了它的创造力、真实的表达和自由。车轮如果死死地固定在车轴上，便不能转动。若心束缚于一处，注意力过于狭窄和执迷，就会觉得一举一动都束手束脚（犹如在最泥泞的道路上跋涉），无法自发地完成任何事。

"自发"可能给人一种随随便便的感觉，比如打算穿着日常的衣服就跳进泳池，甚至会给人一种不负责任的感觉，比如心血来潮时丢下一切，飞往坎昆度假。但我父亲很重视自发性，因为在他看来，自发意味着一种灵感与本能相互交融的状态，并且有信心在受到感召的瞬间立即行动。自发是一种真正的魔法，像闪电一样给出快速的指引，或是像一记击中对手的快拳，让人来不及反应。

我不由得想起《龙争虎斗》中的一幕。比武大赛上，李小龙饰演的角色对阵一个名叫奥哈拉（O'Hara）的反派。他们摆好架势准备开战，然而奥哈拉还没回过神来，就被李一招打倒在地。只是瞬息间的一个动作。那是凭直觉做出的、最有效的自发之举，实际速度之快，以至于镜头都难以捕捉。

　　自觉的无意识，或是不自觉的意识，即是涅槃的秘诀。这样的行动极其直接，理性在其中无处立足，也无法将其分割。

为什么说这是涅槃的秘诀？因为所有徒耗精力的怀疑、胡思乱想、担忧、分析、评判、需求、伪饰和完美主义都不复存在。在这种直接的空性中，一切当下立现，无不源于我们最真诚的自我。通过训练逐渐了解自己，我们会收获肯定和自信。在活出本真的过程中，我们会达到修炼的第四阶段，那是无与伦比的体验，或许就像是涅槃了也未可知。

想想以前遭受病痛折磨的经历，牙痛、偏头痛，或是持续数周的重度咳嗽。还记得症状终于消失后，你的身体有多放松吗？不再耸肩驼背，呼吸变得顺畅起来，下颌和肠胃也不再紧绷。你头脑清晰，能够集中注意力了。活出真实的自己，也是这种感觉。放松而坚毅，平静而热情。准备迎接（或截击！）生命中的每一刻，无论它会带来什么。对我来说，这就像是涅槃。

发觉并运用无限的精神力量。这无形之力代表着宇宙的真正力量，是一切有形之物的种子。这是一种有生命的空，因为世间万般皆出于此。领悟了空性真谛的人，将充满生机、力量与慈悲之心。

你特有的东西

还记得我父亲在1962年写给曹敏儿的信吗？他在信中说，他能感受到自己心中有股强大的力量。仔细想想他的话——因为这种力量、这种创造的激流也存在于你心中，任你取用。

现在花点时间好好感受一下那股力量。闭上眼睛（也可以不闭），坐下来，自然呼吸就好，不必集中注意力，有意识地放松。感知一下你的全身。你有何感觉？能感觉到你体内的活力和能量吗？能感觉到自身的延展吗？能感觉到激活你细胞的生命力吗？能感觉到这股精气神正源源不断地散发出来，任你取用吗？

这就是你的本质。这就是你未经开发的力量，它就在你手中。而我们所追求的正是激发和释放这种本质。

当一个人真切地意识到自己所具有的巨大的精神力量，并开始把这种力量运用于生活时，他的未来将无可限量。提升自身的潜能，就是要精神焕发地度过每分每秒。相信我们内在的生命力。

还记得我父亲在《我的历程》中说过的话吗？他最想成为"生活的艺术家"。艺术家就是创造者，利用原料和环境，创造出他灵魂深处的东西。生活的艺术家意味着时时刻刻都在创造生活，创造自我。在他的选择和创造中，他是强大而自由的。

请记住我父亲曾说修习截拳道艺术的秘诀是，研究你自己的经历，吸收有用的，摈弃无用的，再加上你独有的。

活着就是要在创造中自由地表达自我。而创造，绝无固定的方法。李小龙顶多能提供一个可能的方向而已。你可以自由选择，释放你天生的潜能。我每天都在追求自我实现，以成为一名生活的艺术家！人生在世，除了发挥潜能、活得真实，还有何求！

第十章

朋　友

你可知我如何看待自己？

人类中的一员而已。

因为普天之下，同是一家。

缅怀李小龙

我父亲于1973年7月20日死于脑水肿，即脑部肿胀。尸检报告显示这是由于他对于治疗头痛的止痛药物过敏所导致的。关于他的死因，外界流传着很多说法，从奇谈怪论（他被忍者、夺命巫术或黑帮大佬所害）到医学推测（死于过敏、癫痫或中暑），众说纷纭。如今我已经接受了我们或许永远无从知晓他去世真相的这个事实。关注他的死亡而非生平，就像盯着那根手指而非月亮，在我看来这是一种巨大的损失。

　　父亲去世时，在香港举办了隆重的公共葬礼，但他最终并没有葬在那儿。我母亲决定把他带回西雅图（他们相知相爱的地方）安葬。这是个有争议的决定，在香港人看来，李小龙是土生土长的香港人。但我母亲看重的是要让孩子的父亲留在他们身边，要把他送回一个曾带给他平静、质朴和灵感的地方。

　　我父亲总说他在香港的事业是暂时的。他最终的打算是长居加利福尼亚州，在那儿生活和工作。我父母也经常遥想将来的退休生活，晚年时一起返回他俩都非常喜欢的西雅图。所以，父亲去世后，母亲便将他带回西雅图安葬。

　　西雅图是我父亲人生最初的设想以及初恋萌芽的地方，我们在能俯瞰华盛顿湖的湖景墓地，和亲友一起为父亲举办了一场小型的私人葬礼。那是我见过最美的、风景如画般的墓地。时至今日，他依然沉睡在那里。

　　为父亲建造墓碑时，大家反复斟酌、再三讨论，毕竟这在任何时候都是件慎重的事。最终大家决定在墓碑上放上他的照片，写上他的生卒年月和身份信息。墓碑底部有一块平行于地面的台子，上面有石雕而成的一本打开的书。在书页其中一侧，刻有我父亲的核心标志（第四阶段的标志）——一个箭头环绕的阴阳图，周围还有以中文写就的："以无法为有法，以无限为有限。"在书页的另一侧则刻着一句话：

李小龙在西雅图的墓碑

"你的在天之灵将继续引领我们追求自我解放。"

你看，早在1973年，熟悉李小龙的人都深知他是个非比寻常的思想家和实干家，他们明白李小龙的言行中有很多值得借鉴之处。他们充分感受到了他的真诚与活力，与他交流、向他学习、和他同在，从中吸收了很多东西。他显露的能量与品行给人以启迪和触动。我最近看到一句话，觉得很贴近我父亲的一生——"真正高超的技艺是造福他人"。一个人通过自己的一技之长释放和传递着能量，这本身就是一种造福他人的行为，因为这鼓舞我们、激励我们去实现生活的可能。你照亮了自己，这世间就多了一道光亮。

他激励，甚至是迷倒了每一个与他接触的人。他具有十足的创造力和表现力，如同楷模一般实现了真正的强大和自我解放。他不会像我们这样画地自限，你可以很容易地看到、感受到、听闻到、了解到这一点。我并不是说他是完美的（他无疑和你我一样是普通人），但他要达到的目标却是我们绝大多数人都只会远远羡慕的。

我是你的朋友

有一次，我问我的截拳道老师，也就是我父亲的好友黄锦铭（Ted Wong），我父亲有没有什么不为人知的一面。他说许多人可能不知道李小龙非常体贴，慷慨大方。他接着跟我讲了我父亲是如何帮助他振作起来，并找到女朋友的。他说我父亲带他去买衣服、理发，帮他买了一套举重器材，还为他量身定制了一套健身方案，好让他焕然一新，能够和心仪的人约会。结果没过多久，黄锦铭就遇到了他的心上人，并终成眷属。

我父亲的朋友严镜海也是他奥克兰武馆的助教，当镜海患上癌症时，我父亲帮助他完成了写作计划，让书定稿并最终出版，这样一来镜海就可以用稿酬去支付自己的医药费。

我父亲在西雅图初识木村武之（Taky Kimura）时，武之非常害羞内向，即便他比我父亲年长16岁。在第二次世界大战期间，他曾被关押于美国的一个日裔拘留所，此后一

直在自卑与抑郁中挣扎。我父亲和他成为了朋友，让他渐渐
敞开心扉，二人最终成了至交。武之是我父亲第一所功夫武
馆的第一个助教，也是我父母婚礼上的伴郎。我父亲一生给
武之写过许多信，信中满是鼓励和忠告。时至今日，武之和
他的弟子仍在西雅图为我父亲守墓，而现年96岁高龄的武
之[①]，每每思念起与我父亲昔日的友谊和来自他的支持仍会
热泪盈眶。

　　我父亲为人善良，这只是其中几个例子而已。当然，他
的一生也得到了很多人善意的支持。首先就是我母亲。我谈
论这些事不是因为它们有多了不起，而是因为这是我父亲的
另一面。说到"朋友"这个词，对父亲而言不仅指的是生活
中的朋友，也包括四海之内的所有兄弟姊妹。

　　作为武术家，我父亲可能经常给人一种好勇斗狠的印象
（当然，如有必要他也可以如此），但他反而会如此接受天下
一家的理念，我认为恰是源于他习武的经历。他明白归根结
底，我们都属于人类的大家庭，相似之处远多于不同之处。
他打破传统武术流派的壁垒，追求流动与置身当下，走上真
诚表达之路，正是因为他觉得流派会让习武者彼此分裂。他
常说："格斗方式不分什么中国日本，除非人类长出三头六臂，
否则我们不可能有不同的格斗方式。"

---

① 木村武之已于2021年1月7日在美去世，享年96岁。

当然，我知道有些技艺是在特定文化和宗师的影响下发展起来的。我父亲也明白这一点，他也是这些技艺的爱好者。他热衷于了解其他武术大家和他们的技艺，尤其是年轻时，他对不同的格斗方式都很感兴趣。但他所说的"格斗方式不分中日"是指这些文化中的武术大家（只是以中国人或日本人为例）在他们那个时代和环境中，创造出了他们认为最有效、最上乘的方式——而我们也该如此。我们不该受到文化传统或他人理念的限制。更重要的是，我们不应当因为他人的理念而感到威胁，也不该对他人的理念嗤之以鼻。相反，我们应该把它们视为一种独特的表达，接受它们，就像接受我们自己的表达一样。

武术或许不是你的追求所在。习武之人需要特别专注，发自内心地渴望研究格斗。我们大多数人学武可能只是出于喜欢，选择某个流派入门，然后坚持修习。这是种很好的锻炼方式，还有助于培养我们的自律、力量和自信心，但我们不会去探索属于我们个人、具有独创性的格斗方式。我们充其量只能发现，如果像这样稍微抬点腿，别像那样拗着来，就能更漂亮、更有效地完成某个技巧。但我想说的是，你不应该只将"像水一样"的理念应用在你的训练、工作或事业上。我们完全可以将这些理念和修行运用到日常生活中去，工作、居家、玩乐、家人、朋友、恋爱、商业合作等，无一不是如此。我们每天都在参与人类的发展进程，这是我们的、所有人的共通之处。

　　每个人都是会创造和表达的独立个体，拥有独特的声线和笔迹，但我们同是一家人。四海如一家。本章开篇引用的那段话出自我父亲1971年的一场采访，加拿大脱口秀主持人皮埃尔·伯顿（Pierre Berton）问他，觉得自己是中国人还是美国人。我父亲答说，事实上，他更愿意只是把自己视作一个人。

　　因此，在这个意义上，我们这场水之旅的最后两个字——朋友——不再仅仅是一个亲切的结束语，更代表着至关重要的人性、温情、鼓舞和团结。我父亲经常在写作中用到"朋友"这个词："勇敢前进，朋友""走下去，朋友""像水一样，朋友"。

　　"朋友"这个词是搂住你肩膀的手臂，表明他认为你和他有着共同的纽带，他想和你建立联系。我们已经谈论了很多整体性的话题——看清一切，接受一切，不要评判，不要割裂现实，投身于积极的关系之中，与自然相协调，顺应而非对抗障碍，随着变化而变化，合作而非竞争，在具有无限选择和无限可能的空性中去创造。而我们人类也构成了一个整体，我们要待他人以同样的理解、关心、接纳和同情，就像我们正学着如此对待自己一样。

　　这种不可分割的道家整体观，很早就影响着我父亲的思维方式。年幼时他可能尚未清楚地意识到这一点，但当他日渐成长与成熟后，他开始觉醒，越发重视这些想法，并对其加以阐释和表达。或许他在种族和文化方面的个人经历，是他平等待人的动力所在，但无论如何，他看重的是每个人独特的闪光点，绝不会以阶级、文化、取向和种族取人。他认为这些细枝末节的不同，不过是在共同的人性之上增添了一点个人特色罢了。他看重的是，你本身是个怎样的人？你是否积极地生活？你是否关心你的生活和自我？你是否善良？你是否有意成为一个更好的人？你是否言行一致？在他看来，比起你的肤色，这些才是真正重要的事。

我父亲说："若每个人都帮助自己的邻居，就不会有人孤立无援了。我不太会拒绝别人。何况，我总觉得如果花点时间就能让别人开心，何乐而不为呢？"

我们时常会听到"同情心""同理心""无条件的爱"这些词语，的确很好，很高尚，但要是能从一些更简单、更触手可及的寻常角度入手，比如"朋友"，也许更能引领我们最终企及那些高尚的品质。

有意识地借用"朋友""邻居"，乃至"熟人"这些词汇的能量（如果这就是你所能募集的全部能量），让这些能量渗透到你的人际交往中，也许会极大地改变你应对世界的方式。当然，这么做并不容易，因为你必须试着将所有人都视作朋友或邻居，而不是只和那些能够融洽相处的人打交道。但我们原本就是要训练自己发挥出最大潜能，所以何不也在接纳、同情和友善上下一番功夫呢。

我们如何对待每一个人，就是我们的待人之道。换言之，对待生活中最亲近的人，你可能很友善，但你可能受不了你的邻居，每次见到她都冷眼相待；你可能讨厌那些吵吵嚷嚷的小孩，每次见到他们的父母就目露凶光；你可能看不起无家可归的人，或在同事背后说人长短，或嫌街上的老人走路太慢太碍事，还可能看不惯养猫的人。如果我们允许自己看不起一些人，那么有朝一日我们也会允许自己看不起那些我们在意的人，甚而变本加厉地把人分成"好人"和"坏人"，而不再是"人"。

我并不是说要像圣母一样对待每一个人，宽恕所有的恶行。有时，你必须站出来反对那些鼓吹仇恨、制造恐慌的人，但你却依然可以怀揣对生命和人性的崇敬。冤冤相报，只会让世间的仇恨越来越多。

或许我们可以认为，做出改变最好的方式就是爱你身边的人，爱你每天都会接触的人。在日常生活中，不要轻易怀疑他人，要富有同情心地接受他人本来的样子，和平相处，传递出强烈而直率的善意，成为一道光、一个楷模。你可以，也应当去交流、去爱、去试着让人们加入和谐共存的梦想中来。不过归根结底，除了自己，你无法控制任何人——那么你会怎么做，怎么回应，怎么展现你对人性的尊重？

真正的勇士

　　1971年，我父亲在香港接受加拿大脱口秀主持人皮埃尔·伯顿的采访时，被问及好莱坞对亚裔的歧视：真是那样的吗？是否真的遇到过？我父亲回答：很可惜，确实有这样的情况，而就是这个原因，使得原本要由他主演的一部电视剧可能因此而作罢。但接着，我父亲说了一些很有意思的话。

　　他没有长篇大论地念叨这有多不公平，好莱坞制片厂里的种族歧视有多严重，或是愤愤不平地说他怀才不遇，相反，他说他能够理解。他说："我不怪他们。在香港也一样，如果一个老外来香港拍戏，我是投资人，我可能也会担心他的形象能否为本地观众所接受。"不过他接着说，尽管这多少可以理解，但却并不会改变他要走的路。他在采访中说："我已经下定决心，要向美国展现东方文化，真正的东方文化。"虽然他没能够主演电视剧，却拍出了四部半①精彩绝伦的电影，这些电影风靡世界，影响了全球好几代人——这是当年那部没拍成的电视剧所无法比拟的。没能出演那部电视剧，让他走上了另一条更为强大的道路，因为他并未陷

_____

①　指由李小龙拍摄的四部电影：《唐山大兄》《精武门》《猛龙过江》《龙争虎斗》，以及去世前未完成的《死亡游戏》。

入痛苦之中——他始终保持专注，积极表达，不畏艰难地追求梦想。他绕过障碍，行动了起来！

　　他知道一个电影公司的高管所不知道的秘密，那就是——他李小龙是一股不容小觑的力量。他们被那些畏首畏尾的想法蒙蔽了双眼，他们对个人价值的理解和重视也远不及对金钱的看重、对舆论批评的恐惧，以及对美国观众接受能力的担忧。但这些是他人的不足，不是李小龙的。所以李小龙继续开拓着他的事业，追求他的梦想，表达他的灵魂，活出他最精彩的人生。

　　种族主义和种族歧视是一种会代代相承的"传统"。即便我们没有直接传递种族主义的观念，但多少都会把我们的恐惧、坏习惯和不足传给下一代，在无形中维持着延续了数代人的桎梏。过去的事我们无能为力，但若想为自己和他人争取更好的生活，现在我们所能做到的就是接受指引，换一个方式看待世界，设法超越这些模式和传统。

　　如果我们能看到、理解并承认自己的不足，就有望改变自己，从而改变我们和周围人的生活。认识自己，创造出根植于我们自身的不可动摇的核心，才能对他人产生同理心。

　　我父亲说过："人，这种生灵，这种有创造力的个体，永远胜于一切既有体系。"停下来，好好想想这句话。你是这样生活的吗？你是否将周围那些活生生的人看得比生活中任何东西都要宝贵？还是你更愿意相信某些文化制度所说的，应该将其他人视作一个身份不明、面容模糊的群体？要是你开始由衷地对周围人感兴趣，打破评判和先入为主设下的阻碍，生活会变得怎样？要是你开始在意别人的生活，试着了解是什么造就了他们，会怎样？要是你搂住他们的肩膀（无论是象征性的还是实际上的），将他们视作朋友，会怎样？

很多人的眼中原本容不下某些群体——同性恋、黑人、贫民、移民、穆斯林，等等，但当他们与其中某一个不一样的个体建立起私人往来或相知相爱后，态度会突然转变。个体间的关怀和关注，消解了阻隔爱的屏障。以前只容得下恐惧的地方，突然也拥有了爱的可能。

传统和制度固然有好处，但它们确实也摆脱不了自身的局限性。某些拥有一套规则和传统的组织或信仰体系，总会将一些人排除在外，总有人会遭到驱逐，成为"他者"。

我父亲年少时曾在叶问的咏春拳馆习武，却被赶出来了。不是因为他品行不端，而是因为他不是纯正的中国人。我父亲的母亲有一半欧洲血统，所以我父亲只有四分之三的中国血统。以当时的传统眼光看来，他算不得纯正的中国人，没有资格学中国功夫——于是，一场骚乱在所难免。虽然叶问不愿意开除我父亲，因为他是自己的得意门生，但如果不将我父亲扫地出门，武馆就不得安宁，其他的弟子威胁说如果李小龙不走，他们就离开。这关乎叶问的生计，他只能遵从传统。

作为变通，叶问仍在私下里指点我父亲，还让他的大弟子黄淳梁（Wong Shun Leung）帮忙训练，但叶问却始终无法让我父亲留在武馆。或许正是这段经历在一定程度上奠定了我父亲后来收徒弟的规矩：只要诚心求学，不问种族，不问性别，不问背景，一概纳之。或许还因为他在第二次世界大战期间长大，当时的香港曾沦为日占区。又或许是他在践行自己对道家哲学的理解。无论如何，我认为这种“以人为本”的做法是做人的基本门槛，我们人人都可以采纳，也委实需要采纳。

母亲常说我父亲看人从不斜视，意思是他会直视别人的眼睛，而不是看他们外在的修饰。这就是他的教养，其来源众多：首先，我父亲生于美国，但长于香港。他的母亲有部分欧洲血统，他自然也有。那时香港虽是中国人的聚居地，但却在英国的统治之下。其次，他年纪轻轻就在演艺圈出道，常常和很多性情开放、富于创造力的成年人在一起相处。再者，他一生屡次遭受种族歧视——好莱坞认为他过于中国化，而在香港他又显得过于西化。除了自己的小家外，他总是找不到族群归属，这使得他必须有意识地做出选择，对他人是排斥还是包容。包容让他接触到更多人、更多想法，收获更多经历、友谊和可能性，他的世界因此变得宽广而有趣。

　　很多人仍然受到传统的束缚，老一辈人不予认可的事，他们也会强烈反对；老一辈人认为是错的事，他们便也相信是错的。他们很少用自己的头脑去发掘真相，很少坦白说出自己的真情实感。事实很简单，像种族主义这样的传统糟粕，无非是老一辈人依据过去的经验定下的"规矩"。随着人类的进步、时代的更迭，这套"规矩"必须变革。我，李小龙，永不遵从那些散布恐惧的人设立的规矩。无论你的肤色是黑是白，你所支持的政党是红是蓝，我都愿意与你成为亲密无间的朋友。如果我说"日光之下，每个人都是世界这个大家庭的一员"，你或许只会觉得我是个理想主义者。但那些仍旧信奉种族差别的人，才是真的狭隘。也许，他们未曾理解什么是爱。

弟子准备好时，老师自会出现

　　还记得阴阳之理吗？前面我们讨论过，所谓的"对立"，其实都是一个整体的部分表达。还记得我父亲说过，答案永远不会脱离问题而存在，而问题本身即答案吗？在此，还有另一个不同的视角可供参考。

　　我们曾说过要以错误为友——顺应障碍，将障碍变成机遇或解决问题的办法。我们说到过要培养积极、热情、意志力等工具和心态。现在我们要再说说如何以挫折为师。痛苦教会了我们什么？如果我们真能与心中的痛苦同在，与我们拘束的想法、观念和生存方式同在，痛苦就会教我们如何从痛苦中解脱。痛苦是最好的老师，因为受苦时我们总是急于摆脱，也就非常有动力去尝试。想要转化痛苦，释放痛苦，需要仔细审视我们是如何给自己和别人带来痛苦的，学着从相反的方向把天平拨正。这需要下定决心、高度警觉，但只要你有意，老师和课堂永远在那儿。作为永恒的学生，我们已经认识到了这一点，现在我们又有了寻找课堂的途径。

狭隘教会我们宽容，评判教会我们接纳，战争教会我们和平，恐惧教会我们爱，阴霾教会我们光明。敞开心扉，拨正你的天平，看看以前你从未看过的地方。就像在寻宝时，如果你已经知道宝藏不在那里，就不会在同一个地方反复搜寻。当你找遍所有常见的地方都找不到车钥匙时，你会怎么做？当然是去查看那些平时不会想到的地方。有可能你的车钥匙竟会放在冰箱里，紧挨着你昨晚买回来的鸡蛋；有可能它就在你平常放钥匙的地方，但不知为何你第一次来找的时候却没有看见；有可能你不得不将车开去修理店重新配一把钥匙，因为你也不知道那该死的车钥匙去哪儿了！

你有多向往平静、鲜活、快乐的生活？你愿意为此将车开去修理店一趟吗？你愿意考虑一些以前从未考虑过的事吗？换一个视角究竟有什么可怕的？这无疑是一种改变，我知道改变让人觉得危险。但如果将受苦当作常态，过着一种不满意的困顿生活，似乎风险更大。与其如此，何不接受挑战，选择从挫折中学习，选择利用这些机会吸取教训呢？

最重要的是，要带着善意上路。善待那些走在你前进道路上的其他人，尤其还要善待还在寻找道路的自己。友好地搂住自己的肩膀，忘掉过去的不足，带着从中学到的经验和教训继续前进吧。你可能已经经历过并克服了一些非常困难的境地，将自己当成经受训练的超级英雄吧。要是你仍停滞不前，也没关系——自我打击只会徒增悲伤，让这个过程越发艰难，拖累你的进展。如果你的朋友正像你一样苦苦挣扎，你会如何对待他？你的困境教会了你什么？如何才能既教导别人，同时又能虚心学习？你愿将你的心扉敞开到何种程度呢，朋友？

不朽的关键

"不朽的关键在于，首先要过一种值得让人记住的人生。"很多人以为这句话是我父亲说的（因为这句话就刻在他墓地对面的长椅上），但其实是讹传。尽管他的人生并不算长，但的确影响深远——几十年后的今天，我们依旧能感受到李小龙的影响力。尽管我花费了很多精力来保护和弘扬父亲留下的精神遗产，但没有我，他也一样会为人铭记，因为他确实以自己的方式创造了一种充满启发和无限可能的人生。

他是我们的老师、表演艺术家、朋友和家人，他的精神饱含团结和光明的能量。如果要我形容一下他给我的感觉，那便是有如金灿灿的阳光照耀在水波荡漾的海面上，一片耀眼的光芒。这让你目眩神迷，让你感到惊奇无比，并邀你共同前进。2005年，波黑的莫斯塔尔市建造了一座我父亲的雕像。知道这个消息时我和你一样惊讶，在波黑惨烈的内战过后，城镇上的纪念雕像大多数都被摧毁，当地不同派系的人们聚在一起商议应当重建哪些雕像。当然，人们就各种标志及其意义争论不休，很长一段时间都无法达成共识。

直到有人提议可以建造一座李小龙像。对，没错，李小龙。

后来，组织者谈到这一决定时说："李小龙就是我们的共识。"在他们看来，李小龙代表着反种族分裂的抗争。他象征着不同文化间的桥梁，使人们团结起来，振奋起来。

而我父亲从未专门致力于此。事实上，在谈及自己的生活和事业时，他曾表示他也没有料想到自己所做的一切会让他走到今天。我相信他从未想过波黑竟会建造起一座他的雕像。他只是充实地生活，竭尽所能地追求最高层次的技艺

和真诚。而我们都异口同声地感叹："哇，终于有个真实的
人了。"

至于我父亲，他确实完成了自己想做的事。

> 我并不清楚死亡意味着什么，但我无惧死亡。我会
> 一往无前，永不止步。即便有朝一日，我李小龙不幸壮
> 志未酬便死去了，我也丝毫不会后悔。我做了我想做的
> 事，而我所做过的每一件事，都真诚地倾尽全力。你不
> 能对生活奢望更多了。

把你眼下的生活当作你全部的生活来过——不是幻想生
活总有一天能被你掌控，不是认定只有发生这样或那样的好
事才能让你活得快乐。它就是现在这样，分分秒秒，日复一
日，这就是你的生活。记住，你并不是要努力成为李小龙。
也许历经修炼，你会成为一个言出必行的人；成为一个真正
活在当下的人；成为一个才华横溢的人，投入大量时间和精
力去追求内心的愿望；成为一个能量充沛的人，鼓舞每一个
与你接触过的人。你不必非得有个头衔——有史以来最伟
大的武术家、诺贝尔文学奖得主、月度最佳员工、世上最好
的妈妈。记住，头衔会带来束缚，这些标签只能描述你做人
的一个方面而已。但如果我们硬要有个头衔的话，不如就是
"一个充分表达自我之人"（Human, fully expressed.）。

结　语

　　朋友，我得走了。往后你还有很长的路要走，愿你轻装上阵。我所说的这些，充其量只是那个"指着月亮的手指"。请不要将手指认作月亮，也别一味盯着手指，错过了天上的美景。毕竟，手指的用途只在于"指"，指向照亮手指和世间一切的遥远月光。

　　从今往后，放下所有先入为主的成见，"敞开"自己迎接未来的人和事。朋友，切记，杯子的用处正是在于它的空。

——李小龙

致　谢

　　毋庸置疑，没有我父亲就没有这本书，但如果没有我母亲，也同样不会有这本书。我父亲写下了这些文稿，创立了他的艺术，但是母亲让我们能够在自己的追求中茁壮成长（现在也依然如此）。他们二人是一个团队，一起活出了最充实的人生。要是没有我母亲在我成长的这些年里，坚持让我接触父亲的文字和手稿，这个世界便不会对李小龙有如此深入的了解，我也不会。妈妈，谢谢你守护着我们家的遗产，谢谢你给我的爱，谢谢你教我善良友爱，谢谢你让我做我想做的那种人。我爱你。

　　国豪，我每天都在思念你。你是最棒的哥哥，给了我很多支持，谢谢你。哪怕是现在，我也仍能感觉到你与我同在。

　　没有我女儿雷恩（Wren），我不会变得像今天这样完整和负责。雷恩，是你让我认识了我自己。你是我最好的老师，最深的挚爱。你有一颗如此美丽的心，我非常感激我们的关系能够这样深厚和自然。身为你的母亲是我的荣幸。你是最好的女儿，我爱你。

　　还有我们李小龙家族企业的核心成员，西妮·威尔逊（Sydnie Wilson）、克里斯·赫斯本德（Chris Husband）、莱迪·沃克（Lydy Walker）、杰斯·斯科特（Jess Scott），谢谢你们如此支持我。你们给了我在家写作的时间和空间，总是那么积极地鼓励我。在你们的帮助下，这个过程变得如此轻松——后勤、反馈、查阅档案等工作都离不开你们。谢谢你们成为我的同事，我的朋友。西妮和克里斯，谢谢你们以真心待我，而不仅仅是报以理性，谢谢你们和我一起坐上这辆大起大落的过山车，紧紧携手，成为我今生没有血缘的亲人。

　　非常感谢莎伦·李，没有她就不会有李小龙播客。莎伦带来了李小龙播客，而播客又促成了这本书。要不是我们将哲学谈得那么妙趣横生，阿维特斯创意管理文学代理公司的阿尔伯特·李（Albert Lee）和简·冯·梅伦（Jane von Mehren）也不会注意到我。谢谢你，莎伦。我永远感激你和你释放出的光芒！

　　阿尔伯特和简，谢谢你们愿意联系我这个写作新人，为我出书——这是我一直偷偷埋在心中的愿望。你们是怎么知道的？你们的热情、经验和指导都弥足珍贵。谢谢你们为这本书找到一个家，还有简，谢谢你自始至终对我的支持，你真的是一个非常友爱、温暖又老练的顾问。

谢谢我的助手、知己、第二大脑——尼科尔·图特洛特（Nicole Tourtelot），她也是一位身怀长技的作家。谢谢你一路陪我从提案走到结稿。谢谢你充当我的眼睛和耳朵，专心致志地听我说话，帮我组织语言表达自己。你对这本书的喜爱，以及你真诚随和的性格，让整个过程变得愉快而顺利。我很感激。

还有熨斗出版社（Flatiron Books）的各位，谢谢你们。大家对我帮助良多，我感激不尽。尤其要感谢鲍勃·米勒（Bob Miller）一开始就对这个项目有着非常清晰的理解，非常渴望出版这本书。还有莎拉·墨菲（Sarah Murphy），感谢你仔细、清楚、有益和有见地的编辑工作。很高兴能与你合作，非常感谢你对这本书的喜爱，以及经验丰富的你提供的真诚帮助。

还有那些曾给我带来痛苦的"老师"们，谢谢。我在我们的经历中获得了令人惊讶的深刻成长。感谢你们给我带来的挑战，让我深入地审视自己。我爱你们。

我还有太多美好而重要的人要感谢，他们塑造了我，支持着我，但在此只能列举几位。乔伊·马戈利斯（Joy Margolis），我的灵魂姐妹；托尼·勒罗伊，我的光；莉兹·奥德斯－怀特（Liz Odders-White），我的老友；莎莎·伍德拉夫（Sasa Woodruff），我的播客主持人、好友和美食伙伴；凯琳·卡伊·班尼特（Kalyn Cai Bennett），我的新朋友和智囊；丹尼斯·张（Dennis Chang）和迈克·沙利文（Mike Sullivan），我积极向上、风趣幽默又了不起的合作伙伴们；还有各位新朋友，谢谢。谢谢你们所有人，谢谢你们的热情，对我的信任，对我的指导和诸多支持。2019年时我曾说过，想得到一个由真正在乎我幸福与否的人们所组成的支持系统，而你们让我由衷地觉得我已经拥有了。谢谢你们。

最后，还要感谢我父亲，谢谢你能做我爸爸，谢谢你给我深深的爱，谢谢你至今依旧哺育着我。

像水一样吧，朋友！

图书在版编目（CIP）数据

像水一样吧，朋友：我从父亲李小龙身上获得的智慧、哲思和勇气 / (美) 李香凝著；李倩译. -- 北京：九州出版社, 2022.9

ISBN 978-7-5225-0936-5

Ⅰ.①像… Ⅱ.①李… ②李… Ⅲ.①李小龙(Lee, Bruce 1940-1973)—生平事迹 Ⅳ.①K825.78

中国版本图书馆CIP数据核字(2022)第093087号

Be Water, My Friend: The Teachings of Bruce Lee by Shannon Lee
Copyright © 2020 Leeway Media Group,LLC
Published by arrangement with Aevitas Creative Management, through The Grayhawk Agency Ltd.
All rights reserved.

著作权合同登记号：01-2022-3040

像水一样吧，朋友：我从父亲李小龙身上获得的智慧、哲思和勇气

作　　者	［美］李香凝　著　　李　倩　译
责任编辑	周　春
封面设计	棱角视觉
出版发行	九州出版社
地　　址	北京市西城区阜外大街甲35号（100037）
发行电话	（010）68992190/3/5/6
网　　址	www.jiuzhoupress.com
电子信箱	jiuzhou@jiuzhoupress.com
印　　刷	天津中印联印务有限公司
开　　本	889 毫米 × 1194 毫米　　32 开
印　　张	8
字　　数	145 千字
版　　次	2022 年 9 月第 1 版
印　　次	2022 年 9 月第 1 次印刷
书　　号	ISBN 978-7-5225-0936-5
定　　价	56.00元